SHODENSHA
SHINSHO

ヴィジュアル版
新発見！　江戸城を歩く

黒田　涼

祥伝社新書

まえがき

私が『江戸城を歩く』（祥伝社新書ヴィジュアル版）を書いてから10年が経ちました。街を歩いて歴史の痕跡を探して歩くというスタイルの本では、ブームの先駆けとなったものでは、とのご評価をいただいたことがあります。大変ありがたいお言葉だったのですが、今は著者としてこの本をお勧めするのに気が引けます。改めて読み直すと古びてしまった内容が多く、これはもう書き直すしかないという思いに至りました。

まず10年で東京が大きく変わってしまいました。新しく道路や鉄道や建物ができると同時に、なくなってしまったものも数多くあり、記述が不正確になってしまいました。またこの間に皇居の公開が進み、以前より格段に多くの江戸城の遺構が見られるようになったのは喜ばしいのですが、それについては当然記されていません。

写真も問題ありです。景色が変わってしまいました。案内表示なども一新されつつあります。デジカメの性能が格段に向上して素晴らしい写真が撮れるようになり、さらにこの10年で、様々な江戸城の表情が私の手元に蓄積されました。

江戸城についての情報も増え、さらに私がいろいろな方々をお連れして実際にご案内を重ねる中で、格段に効率的で意味づけがしっかりしたコースをご提供できるようになりました。

ということで本書は、まったく一からの書き下ろしです。多少前著と同じ写真や、同様の表現があるかもしれませんが、基本的に別の本と思っていただいて結構です。

しかし目的は同じです。現代の東京の基礎となった江戸城の痕跡をくまなく網羅し、こんな場所にも、あんな場所にも江戸城が、という驚きをお届けしています。江戸城なくして東京や日本の繁栄はなかった、との考えにはいささかの変化もありません。江戸城を歩くことで、東京や日本の歴史へのより深い理解ができると思います。

今回は５つの章でご案内します。健脚の方は、頑張れば各章を１日で歩けます。普通の方は１章を２回に分けて歩くのが良いでしょう。また短いサブコースも設けました。歩くことを想定しておりますので、自動車はもちろん、自転車でもたどるには不都合があります。是非徒歩でお出かけください。現在、２０２０年のオリンピックに向けて東京はさらに変化しようとしています。またいつ何時、本書の記述も過去のものとなるやもしれません。お出かけ前には是非ご確認をお願いします。

黒田　涼

目次

本文写真／著者
地図製作／ユニオンマップ

第1章

江戸城の心臓部を縦断する

まずは江戸城の核心部分を縦断しましょう。外堀のほぼ北端である飯田橋(いいだばし)から、本丸を経て南端である虎ノ門(とらのもん)までです。2コースに分けて案内します。

1-1

大手町から飯田橋　4・7キロ

――諸大名の登城を追体験する

まずは江戸城の正門から

東京メトロ、都営地下鉄の大手町駅は5つもの路線の集合体で極めて複雑ですが、大手門への最寄り路線は千代田線か三田線です。パレスホテルに繋がるC13b出口から出ましょう。地上に出ると、永代通りが突き当たる向こうに、大きな**江戸城大手門**が見えます。

「大手」とは城の正面。ですから大手門は城の正門であり、全国ほとんどの城に大手門がありました。大手門の前が大手町ですが、ここは江戸時代も格式第一等の大名が屋敷を構えていました。

江戸時代、在府の諸大名は月3回ほど、一斉に登城して将軍に拝謁しなければなりません。できなければお取り潰し。みな緊張して登城したはずですが、登城口は主にこの大手門、あとは後ほど訪れる**桔梗門**だけです。全国約300藩の大名のうち半数が在府として150藩。それぞれ供の者が50人いたとして7500人。登城日の大手門前は大混雑し

近代美術館
国立公文書館
パレスサイドビル
竹橋駅
平川門
平川濠
書陵部
梅林坂
北桔橋門
桃華楽堂
天守台
楽部
乾濠
天神濠
大手濠
気象庁
気象庁前
東京消防庁
半蔵門線
東西線
千代田区
大奥跡
皇居東御苑
二の丸庭園
西桔橋門
白鳥堀
大手休憩所
宮内庁病院
大手町パークビル
石室
本丸休憩所
午砲台跡
展望台
三の丸尚蔵館
JXビル
富士見多聞
大手三の門
大手門
C10
大広間跡
百人番所
蓮池濠
局門
松の廊下跡
中之門
スタート
中雀門
旧枢密院
桔梗濠
パレスホテル東京
皇居
富士見櫓
和田倉濠
宮内庁
大手町駅
内堀通り
巽櫓
蓮池門跡
桔梗門
千代田線
和田倉噴水公園
三田線
蛤濠
0
100m
N
飯田橋駅
ゴール
B2a
西口
牛込門
東京大神宮
水道橋駅
外堀通り
中央線・総武線
丸ノ内線
御茶ノ水駅
有楽町線
南北線
早稲田通り
東西線
目白通り
三田線
日本大
白山通り
飯田橋サクラテラス
明治大
本郷通り
池袋線
首都高
江戸の地図
法政大
九段下駅
靖国通り
九段坂
靖国神社
千代田区役所
神保町駅
田安門
日本武道館
清水門
新宿線
科学技術館
北の丸公園
パレスサイドビル
国立公文書館
近代美術館
竹橋駅
気象庁
首都高都心環状線
乾門
東京消防庁
半蔵門線
内堀通り
皇居東御苑
千代田区
C10
大手町駅
半蔵門駅
スタート
皇居
N
0
400m

ます。家来をこんなに連れて登城する必要はないのですが、どんなに城に近くても、各家の格に合わせた人数を揃えるのが当たり前でした。

大手門前には「下馬(げば)」との木札が立っており、ここから馬は入れないのはもちろん、家臣の大部分は入れません。家臣は主君の帰りをこの大手門前で待ちました。雨の日も風の日も。集まった家臣たちがここで情報交換したことから「下馬評」の語が生まれたといいます。

門前は広場になっており、今の交差点よりはだいぶ広いスペースに「腰掛(こしかけ)」などという待機場所もありました。しかし全員が入れるわけではなかったようで、大勢の家臣がしゃがんで待ち続ける様子が書物などに描かれています。抜け目ない江戸っ子は彼らに水を売ったりして稼ぎました。

現在は、大手門から中は宮内庁管轄の皇居東御苑(ぎょえん)となっています(月曜・金曜休園、午前9時開園、季節により午後4時または5時閉園、無料)。他に**平川(ひらかわ)門**、**北桔橋(きたはねばし)門**からも入場でき、どこから出ても構いません。中でお弁当などの飲食はできますが、飲酒、ランニングなどはできません。2019年は大嘗祭(だいじょうさい)に伴って入園が制限される場合があり、行事などでの閉園もありますので事前に宮内庁ホームページでご確認ください。

横断歩道を渡って門に繋がる橋を渡りましょう。現在は土橋ですが、江戸時代はいざという時に落とせる木橋でした。警備の警察官がバッグなどの荷物チェックをしますので準備をしておきましょう。

いよいよ門をくぐりますが、江戸城のほとんどの門は近世城郭の完成形と言われる枡形門という巨大な門です。枡形門では、まず石垣や土塁で囲まれた四角い広場を作ります。ここに2カ所の出入り口を設けます。空調中のビル出入り口に自動ドアが2つあるように、外からの敵が一気に城内に入り込まないための工夫です。

城外側の門は高麗門と呼ばれる比較的小さな門です。小さいとは言っても、門扉は高さ4メートルはあります。城内側の門は櫓門（渡櫓門）と言い、両袖が石垣になった上に巨大な櫓が造られ、通行人は櫓の下の門をくぐらないと中に入れない仕組みです。櫓は大きいものでは差し渡しが50メートル近くもあり、これだけで小さなお城です。高麗門を突破しても、枡形内に入るとここから攻撃されるのですからたまりません。

また櫓門と高麗門が一直線に造られることはまずなく、原則右折して櫓門を通りました。これは江戸時代も右利きの人が多かったからで、櫓門が左にあると、攻め手は自分の身を高麗門の柱に隠して鉄砲を撃てます。右折にすれば、右肩にある鉄砲で門を狙うため

春の大手門。扉が見えるのが高麗門。後ろの大きな屋根が櫓門

には自分の左半身を晒さないといけません。そんな細かいところまで考えて門は造られていました。また、枡形によっては三方すべての石垣の上に建物が造られたものもあり、そうなるともう鉄壁です。

大手門では高麗門と左右の土塀の長さは30メートルほど。高麗門は1657年の明暦の大火後に再建された江戸時代のものです。櫓門は残念ながら戦災で焼け、戦後に復元しました。木材の風化具合を比べてみてください。白い壁が美しいですが、これは東日本大震災後に修復されました。

枡形の一角には、空襲で焼け残った櫓門上の鯱が展示されています。鯱は織田信長が始めたと言われる火伏せの願いを込めた装飾です。ちょっと見にくいですが、おでこに再建時の制作年、「明暦三(年)」(1657年)と彫られているのがわかります。城門付近には警備の兵が詰める番所の建物があり、24時間決められた人数が警護していました。大手門の

大手三の門枡形内に移築された同心番所。右は江戸時代の鯱

番所は櫓門を入った城内にありましたが、今はありません。

櫓門をくぐると、かつての三の丸です。本丸、二の丸の東側に張り付く細長い郭(くるわ)で、今は二の丸との間の堀(濠)が埋められて、宮内庁病院などの敷地となっています。左に曲がると入園票を配る小屋があります。出口で返しますのでなくさないでください。

すぐ右に大きな屋根のモダンな建物があります。皇室に伝わる美術品や海外から贈られた品のうち、昭和天皇が亡くなられた際に国に寄贈されたものを基礎に所蔵公開している**三の丸尚蔵館**(しょうぞうかん)です。その後亡くなられた皇族方の遺品も含め、現在では1万点近い品を所蔵しています。

宮内庁が管理する文化財は慣例として国宝などの指定を受けることはありませんが、「蒙古襲来絵詞」(もうこしゅうらいえことば)「春日権現験記絵巻」(かすがごんげんげんきえまき)や伊藤若冲(いとうじゃくちゅう)の「動植綵絵」(どうしょくさいえ)など超国宝級のものが多数所蔵されています。年に何回かの企画展ごとに展示替えがあり入場は無料です。ただ展示室は小さく所蔵庫も窮屈なため、２０２５年をめどに新しい建物を建てて展示スペースを増やす計画です。

尚蔵館の向こう側には大手休憩所があり、皇居東御苑の案内や皇室グッズなどが売られています。しかし飲食物はアイスや自販機の飲料ぐらいしかありません。東御苑内にもぜひ雰囲気のいいレストラン、せめてカフェが欲しいところです。

■いよいよ本丸へ

さらに進むと両脇に大きな石垣のある出入り口があります。ここには**大手三の門**という枡形門がありました。かつては手前に三の丸と二の丸を隔てる堀がありました。堀を渡る橋の前には「下乗」の札があり、御三家（尾張徳川家・紀州徳川家・水戸徳川家）以外の大名は駕籠を降り、供の人数を減らして城内へ向かいました。このため下乗門の別名があります。この門には、枡形の正面や右側の石垣の上にも多聞と呼ばれる長屋のような建物があり、江戸城でも最も堅固な作りでした。

実は、先に通った大手門は江戸城拡張の際に新たに大手門となった門で、江戸時代初期にはここが大手門でした。江戸初期と言えば戦国の記憶により近い時代でもあり、そのため非常に堅固な作りにしたようです。枡形内には**同心番所**と呼ばれる警備兵が詰める建物が残っていますが、本来は堀の手前、尚蔵館の前あたりにあったものを移築しています。現在では珍しい葵(あおい)の御紋が軒(のき)の瓦(かわら)に残っています。

櫓門下の石垣は巨大な花崗岩(かこうがん)などをぴっちりと隙間なく積んで、美しさと威圧感を兼ね備えています。このように隙間なく石を積む方法を「切込み接(きりこみは)ぎ」と言います。門など重要な場所で見られます。

大手三の門を出ると右手は二の丸へ向かう道で、左には50メートル以上もある長い建物があります。これは**百人番所**で、旗本グループの根来(ねごろ)組、伊賀(いが)組、甲賀(こうが)組、廿五（二十五）騎組から毎日与力(よりき)20人、同心(どうしん)100人が詰めて警備に当たっていました。

百人番所沿いに進むと蓮池(はすいけ)門経由で西の丸ですが通れません。登城ルートは向かいの大きな石垣の**中之門**を通ります。御三家もここで駕籠を降りました。ここも石垣上の櫓門は失われています。それにしても巨大な箱のような石がぴったりと組み合わされて見事です。大きな石では35トンもあります。

この門は地震で崩れたため1704年に再建されたものですが、2005年から2007年にかけて解体修理され、その時の調査成果が門の右脇に展示されています。鉄や銅の部品で石同士を繋いでいるなど工法がよくわかります。大きな石がいくつか置いてありますが、損傷が大きく再利用できなかった石です。意外と奥行きが薄いのがわかります。門が取り壊される前の明治初期の写真もありますので、目の前の門跡と見比べてください。

門を通る際は足元に注目を。江戸城では唯一ここだけ、江戸時代の敷石が残っています。わざわざ斜めの模様になるように置いているところに、江戸時代の美的感覚を感じます。また隅には門柱の穴も残っています。

門内の枡形は非常に大きな長方形になって左へと伸びています。右側にまた番所があります。登城途中の最後の番所、大番所です。奥へ進むと坂が右へと曲がっていきます。かつてはここに登城ルート最後の門、**中雀門**がありました。

今はなだらかな舗装の道ですが、本来は高麗門があってその前から雁木（階段）となり、枡形内も雁木でした。左側には書院出櫓、書院二重櫓の二つの櫓が立ち、睨みを利かせていました。右折した櫓門の前後にも雁木があり、これをくぐればようやく本丸です。ここにも櫓門の柱跡の穴が残っていますが、両側の石垣は表面がボロボロです。この門は幕末の１８６３年に火災で焼けており、その際の損傷がそのまま残っているのです。

本丸に辿り着くまでに大手門、大手三の門、中之門、中雀門と４つの門をくぐらなけれ

ばなりませんでした。曲がる場所は7カ所です。これを突破するのは大変です。登城した大名は玄関で家臣に大刀を預け脇差のみとなり、ここからはたった一人で本丸御殿に入りました。

心細かったでしょうが、半面、御殿内で何を話し、何をしたか家臣は誰も知りません。意外とせいせいしたかもし

（上）中之門と枡形内の大番所　（中）修復で取り出された中之門の石垣石。意外と奥行きが薄いのがわかる　（下）中之門の敷石と柱穴

れません。中での案内は茶坊主頼りでしたので心付けが欠かせませんでした。

玄関は中雀門を抜けてすぐ、正面の遊歩道あたりにありました。今はその先はただ芝生が広がっているだけです。かつては芝生の奥の奥まで御殿で覆い尽くされていたのですが。芝生広場の方に進んで少し左に行くと、大きな石にはめ込まれた「江戸城本丸図」という金属板が置いてあり、本丸御殿の図面が描かれています。このあたりに御殿で最も重要な部屋、大広間がありました。ここで諸大名と将軍が会い、様々な儀式が行なわれたのです。

石のあたりから左へ遊歩道を進んでいくと、奥に**富士見櫓**を眺められる広場があり解説板も置かれています。富士見櫓は江戸城に現存する唯一の三重櫓で、高さは15・5メートルあります。現存天守では丸亀城や備中松山城より高く、弘前城や宇和島城とほぼ同じです。こうした三重櫓が江戸城には時代によって6つも7つもありました。高いものは17メートル以上あり、これは彦根城天守より高かったのです。この櫓は、天守焼失後は天守の代用とされました。かつては海も見え、将軍は両国の花火を見物したとも言います。解説板に上からの眺めの写真が載っています。

■「松の廊下」の真実

来た道を戻って左の林沿いに歩きましょう。すると**松の廊下**の案内板があります。「忠臣蔵」の壮麗な屏風絵をご存知の方は拍子抜けされるかもしれません。松の廊下は大広間と奥にある第2の広間、白書院を結ぶ廊下です。

時代劇では明るいお白州に面した場所で浅野内匠頭が吉良上野介に斬りかかりますが、あれは嘘。実際には庭側の戸は閉め切られており、薄暗かったようです。名前の由来は松の絵の襖絵が続いていたからで、同じ絵が描かれた布が両国の江戸東京博物館通路に掲げられています。横を歩くと松の廊下を歩いた気分になります。

松の廊下の解説板

遊歩道を左寄りに進んで行くと上り坂があり、上に**富士見多聞**があります。大手三の門でも出てきましたが、多聞とは郭の境にただ塀を建てるのではなく、建物を造って防御性を高めた施設です。守備兵は天気や寒暖を気にすることなく守れます。平時には武器や食料、書類などを保管していました。

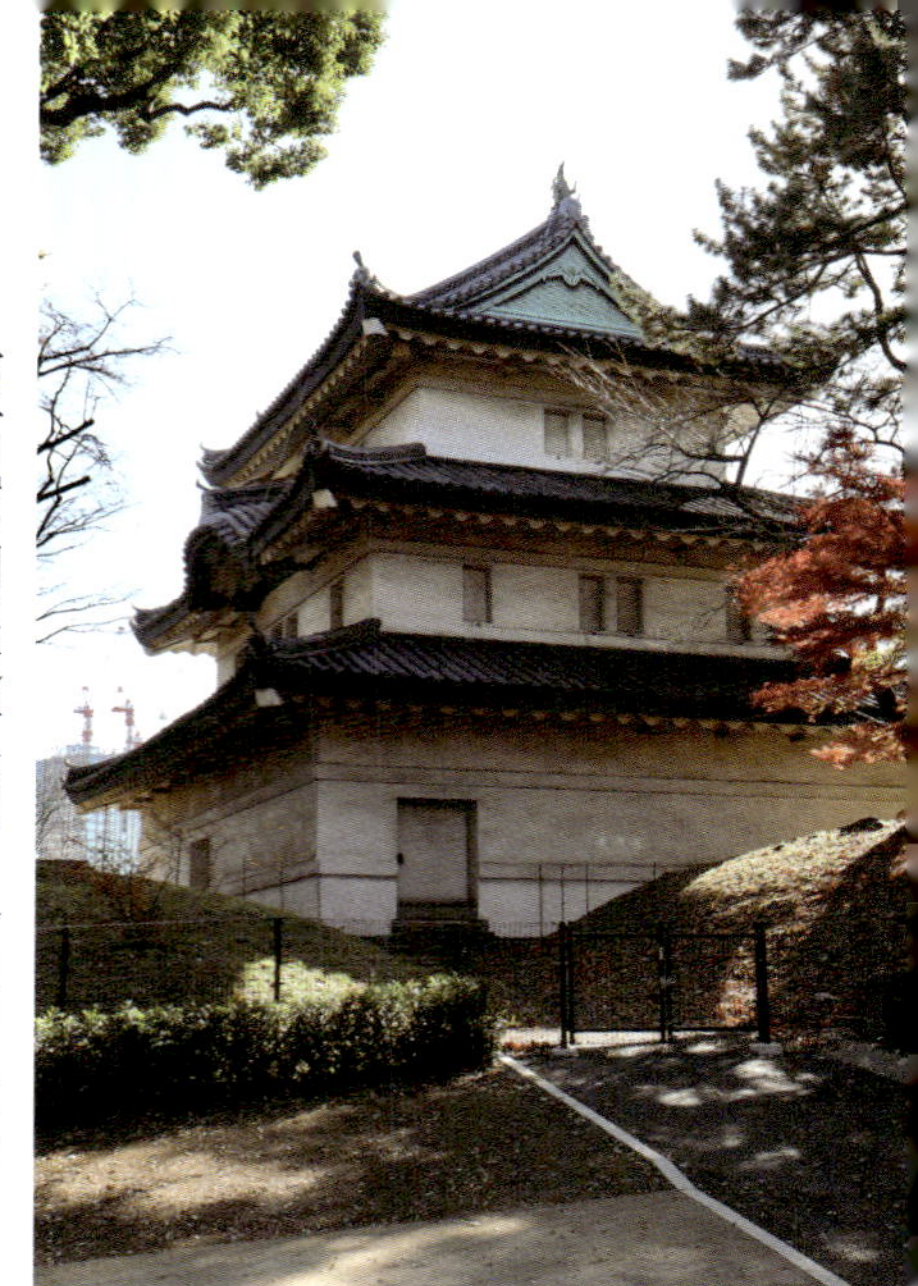

背後から見た富士見櫓

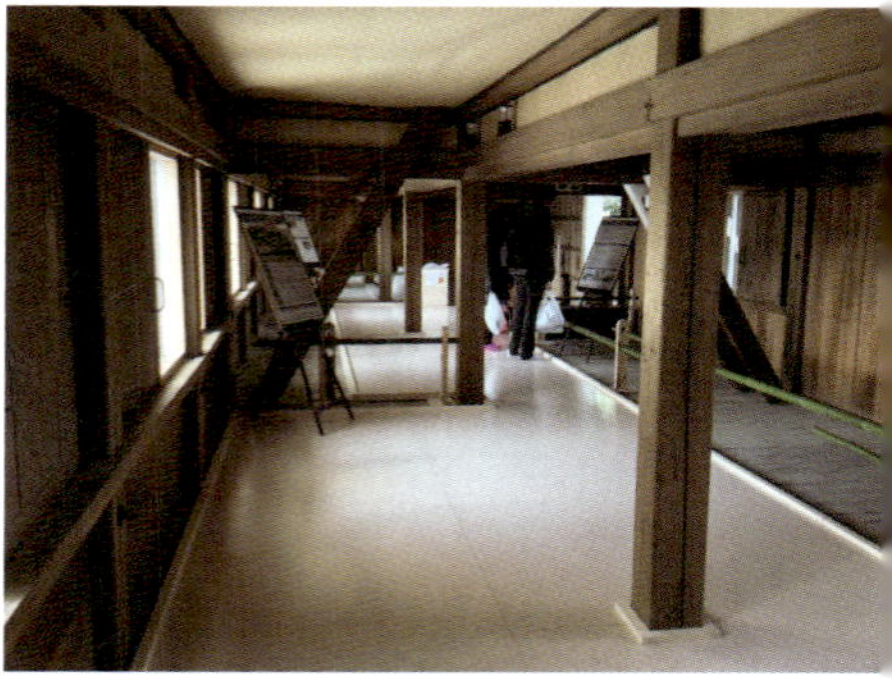

富士見多聞の内部。
筋交い柱は関東大震災後のもの

富士見多聞は近年公開されるようになりました。窓の外は**蓮池堀**で、その向こうは皇居宮殿のある**西の丸**です。靴を脱いで入ります。江戸時代の建物ですが、関東大震災後の補強で筋交(すじか)い柱があります。江戸時代以前の日本には斜めの柱で強度を増すという発想はありませんでした。

建物内は一方通行ですので、出口から出て坂を下りましょう。芝生広場に出たら横切って本丸休憩所の建物に向かいます。芝生の中に「**午砲台跡**(ごほうだいあと)」という石があります。明治以

降、本丸跡はほとんど利用されていませんでしたが、１８７１年から１９２９年まで、ここで空砲を撃って正午を知らせていました。

休憩所の裏には展望台がありますので登ってみましょう。眼下に**白鳥堀**、その向こうは二の丸庭園です。目の前に大手町から丸の内にかけての超高層ビルが並び、隙間から少しだけ東京駅丸の内駅舎の丸屋根が覗きます。ここは**台所前三重櫓**があった場所です。文字通り手前に本丸御殿の台所がありました。

（上）午砲台跡　（中）白鳥堀と右に汐見坂　（下）梅のほころぶ梅林坂上

ここまでお気づきかもしれませんが、本丸内では外の景色はよく見えません。本丸の周囲は高さが何メートルもある土塁に囲まれており、攻める側は中の様子を窺うことはできなかったのです。

休憩所に戻り遊歩道を右へ行きます。少し先の右手の建物は、宮廷儀礼の雅楽などを担当する職員のいる**楽部**です。時々雅楽の音色が聞こえてきます。その手前、左の茂みの中に井戸跡があり、竹の蓋がかけられています。このあたりが大奥でした。井戸は唯一の名残です。

楽部前を右に回り込んで行くと下り坂になります。本丸と二の丸を繋ぐ**汐見坂**です。手前に汐見門があり城内側は雁木でした。両脇の石垣が火災で損傷して崩落の危険があるため、ネットがかけられています。

下っていくと、先ほど台所前三重櫓跡から見えた白鳥堀が右手にあります。この堀はどこからも流れ込む水がありませんが、涸れるどころか水位変化もほとんどありません。堀前の本丸石垣は粗い打込み接ぎですが、坂の左側の石垣は隙間がありません。また角の算木積みという石の積み方も、右は雑なのに左は大きな直方体の石が隙間なく積まれています。

これは建築年代の違いによるもので、白鳥堀前の石垣は徳川家康が築いた慶長年間ごろの石垣と思われます。左側の部分は、実はもっと北側に延びていた白鳥堀を埋めて本丸を拡大した部分で、明暦の大火後のことです。このほぼ50年の間の土木技術の進化が、石垣の積み方の違いとなって現われています。

坂を下ったら左へ行きましょう。二の丸庭園は別コースでまた説明しますので、先の**梅林坂**まで進みます。梅林坂も二の丸と本丸を繋ぐ坂で、皇居東御苑の出入り口でもある平川門から入って本丸に至るルートでもあります。

坂には太田道灌が江戸城を築城した際に祀った天神社があったと言われ、天神社に付きものの梅も植えられていました。それで梅林坂の名がついたと言います。当時のものではありませんが今も梅がたくさんあり、春には見事に咲き誇ります。本丸手前には当然ながら門があり、上梅林門と言いました。坂下に高麗門があり、坂上に櫓門がありました。下梅林門が平川門側にあります。

■天守台に到着

梅林坂を上りきった左手には近代的なビルがありますが、これは皇室の古文書や古墳を管理する書陵部です。そのまま進むと左前方に巨大な石積みが見えてきます。**江戸城天守台**です。江戸城天守は残念ながら明暦の大火で焼けてしまいましたが、その後再建を目指して天守台だけは築き直しています。

工事は金沢藩前田家が担当し、高さは12メートル弱です。底辺は東西41メートル、南北45メートルもあります。ややピンク色がかった花崗岩は瀬戸内海の小豆島や犬島から運びました。北側の角は350年経った今もぴっちりと隙間なく積まれ、まっすぐに上まで延びています。真横から見ると、実は石の表面は平らでなく、角の部分から内側に少し盛り上がっているのがわかります。角からまっ平らにするとやせ細って見えるのです。細かい見栄えへの配慮に驚きます。

しかし本丸御殿側に向かっていくと、こちらの角は丸くなっています。本丸御殿の度重なる火災の熱で崩れてしまったのです。黒く炭化したようなところも見えます。また、石を割る際につけた矢穴が残ったままの石もあります。表面の点線のような跡です。

天守台では、ほぼ同じ大きさの四角い石がきれいに段を作って積まれています。こうした積み方を布積みと言いますが、下の石が大きく、上の石がやや小さくなっています。安定性や強度への配慮でしょう。石の表面にはノミで線状の筋がつけられている場合があ

(上)江戸城天守台。人物との対比で、その巨大さがわかる　(中)大奥が焼けた際の火で崩れた天守台角。丸くなっている　(下)本丸の端にある石室。用途は不明だ

り、すだれ仕上げと言います。江戸時代人の美的センスです。

天守台は登れます。登り口脇に天守台内部からの大きな排水溝の石組みが突き出ています。隙間なく積んだ石垣の中には水が溜まってしまうため、このような排水設備を作らなければならないのです。また天守台前は段になっており、井戸の石枠が見えます。金明水（きんめいすい）と言い、一年中涸れることがありません。そして上り坂を折り返した踊り場には本丸御殿

の詳細な見取り図があります。敷地のほとんどが建物で覆われていたこと、御殿の半分ほどが大奥だったことなどに驚きます。

　登り切るといい眺めですが、天守台に入ったところは本来地下室で、外は見えないはずです。しかしそれではつまらないので、本丸を公開する際に土盛りをして展望が利くようにしました。一部埋め残し、地下の石垣が見えるようになっています。

　ここには大天守が建つはずでしたが、時の将軍後見役保科正之の「今は江戸の街の復興が先」との建言で工事は中止されました。天守台工事は前田家の負担ですが、天守を建築する費用は幕府持ちという事情もありました。

　焼失前の天守は高さが約45メートル、天守台と合わせると地面からは60メートル近くありました。世界遺産の姫路城天守でも建物高さは31メートルしかありません。その1・5倍もの高さというと、壮大さがわかるでしょうか。

　五重5階地下1階で、底辺は東西35メートル、南北39メートルのやや長方形。日本最大級の木造建築でした。建築の物差しには、1間が7尺の大京間という特別な単位を使い（京間は6尺半、現在の1間は6尺、1尺は約30・3センチメートル）将軍の権威を示しました。

　また別のところで詳しくお話ししますが、私はここに350年ぶりに天守を再建する運動に参加しています。是非とも実現したいものです。

天守台上から見える派手なタイル張りの建物は、**桃華楽堂**（とうかがくどう）という皇室の音楽堂です。天守台を降りて右の方に向かってください。本丸の端に、石で組んだ石室（いしむろ）という部屋があります。中には入れませんが20平方メートルほどの広さがあります。用途は不明ですが、入口に扉の跡があり、火災などから貴重品を守る倉庫でしょう。

石室と天守台の間に、**西桔橋門**（にしはねばし）に続く道がありますが普段は通れません。天守裏に戻ると入園票を返す小屋と高麗門があり、北桔橋門に続きます。この櫓門は石垣ごと撤去されています。高麗門をくぐる際は上を見てください。滑車のような金具が見えます。

北桔橋門は本丸のすぐ裏にありますが、表の登城ルートのように巨大な門で何重にも守られているわけではありません。そこで門の前の橋を跳ね橋にして、いざという時に敵の攻撃から守りやすくしたようです。門外に出ると今は鉄の橋になっていますが、その下に切れ込みがあります。

本丸側の石垣を見ると、表面に印がある石がたくさんあります。これは刻印と言って、石垣工事の際の担当を表わしたり、石の持ち去りを防いだりするためのものです。刻印の種類によって、工事を担当した大名がわかります。

■石垣の美

橋を渡り警備所を過ぎたら、振り返りながら歩きましょう。この部分の石垣が江戸城で最も高く20メートル近くあります。堀端まで行ったら坂を竹橋の方に少し下って、本丸側左手方向を眺めてください。石垣の屈曲が実に美しく重なって見えます。「**屏風の折れ**」と言いますが、何も綺麗に見せるために作ったわけではなく、実用的意味があります。

一直線な石垣は地震などの揺れで倒れやすく、時々屈曲させることで強度を増しました。また攻めてくる敵に対し、側面から鉄砲を撃てるように角を作りました。しかし堀から上に延びる優美な曲線とともに、そんな目的を忘れる美しさですね。

堀端からは目の前の歩道橋を渡って**北の丸公園**に入ります。右手に国立公文書館がありますが、ここに所蔵さ

重要文化財、田安門の櫓門。出入口は左に寄っている

れている貴重な古文書などの多くは、江戸城内にあった紅葉山文庫所蔵のものです。家康は大変な蔵書家で、多くの貴重な書物を収集して保存させました。

北の丸は本丸の北側を守る郭です。江戸時代後期には、8代将軍吉宗の子孫、御三卿のうち田安家、清水家の屋敷がありました。それ以前には将軍生母などの屋敷が置かれ、春日局の屋敷もありました。中央の通り

（上）田安門の肘壺に刻まれた製作者の銘。「寛永13年9月吉日」と年号もある　（下）本丸北側の美しい「屏風の折れ」

を進んで途中に清水門への道がありますが、これは別コースでご紹介します。日本武道館まで行くと、道を挟んだ休憩所「ザ・フォレスト北の丸」に、北の丸公園の江戸時代からの変遷などを示した、わかりやすいパネルがあります。軽食もありますので一息つくには絶好の場所です。

北の丸は明治維新後に近衛(このえ)連隊の駐屯地になりました。第一連隊、第二連隊それぞれの記念碑が森の散策路の中にあります。また師団司令部の建物は国立近代美術館工芸館となっています。こうした戦前の軍遺構については拙著『大軍都・東京を歩く』で詳しく紹介していますのでそちらをご覧ください。

時間があれば中を散策してください。北の丸も周囲は土塁で囲まれており、特に千鳥ヶ(ちどりが)淵(ふち)側へ行くと、石垣が折れ曲がって築かれている様子がよくわかります。また千鳥ヶ淵は桜の時期は立ち止まれないほどの混雑ですが、対岸の北の丸公園側はさほどではない穴場です。

さて、日本武道館を過ぎると巨大な櫓門が見えてきます。江戸期から残る重要文化財、**田安門**です。北の丸公園は環境省の管轄なので文化財指定されます。この門は明暦の大火でも焼け残った江戸城最古の門です。先の田安家の名はこの門から取られました。ぐるっと石垣に囲まれた典型的な枡形門をご堪能ください。東側の石垣は東日本大震災で破損し、すべて積み直す修復が行なわれました。

また高麗門の門扉を支える青銅の肘壺（ちょうつがい）の金具を見てください。上下に3つあるのですが、左右一つずつに年号と名前が彫ってあり「寛永十三年」「豊後住人御石火矢大工　渡邉石見守康直作」とあります。つまり1636年にこの金具を作ったということで、高麗門は1636年の建設と推測でき、記録とも一致します。

石火矢とは大砲のことで、その金属鋳造技術を応用してこの肘壺を作ったのでしょう。家康が豊後国大友氏の元家臣の渡邉氏を召し抱え、「康」の字を与えた、との記録がありますので、その一族と思われます。

門を出るとかなり急坂を下りますが、これは明治期に当時の九段坂に路面電車を通すため、坂を切り下げてこのようになったものです。門を出て右手下の解説板に路面電車の写真があり、九段坂を渡った向かいの歩道脇には、江戸期に描かれた坂と田安門の絵の解説板があります。まるで坂が山のように描かれており、田安門への土橋は平坦です。

左手の歩道橋を渡ります。ここからは江戸城内郭の外、外堀との間の江戸市街です。前に続く早稲田通りを歩きましょう。江戸時代は、あたりには主に旗本屋敷が並んでいました。しばらく進んだ富士見小学校前に江戸時代の周辺地図が掲げられています。学校の敷地は飯田町定火消屋敷でした。

しばらく行くと、最近再開発された飯田橋駅西口に出ます。ここには江戸城外堀門、牛込門がありましたが、別コースで紹介しましょう。東京メトロかJRでお帰りください。

この縦断コースを1日で歩く場合は飯田橋から出発して逆コースで進むか、「1－2」で紹介する虎ノ門から歩き始めてこのコースに繋げるのがいいでしょう。昼食は大手町あたりでとれます。

1 皇居宮殿参観——常時参観可能な宮殿は江戸城西の丸

ご存知ない方も多いと思いますが、皇居宮殿は日曜、月曜、祝日を除き、ほぼ毎日参観可能です。しかも予約なしで。また新年参賀、天皇誕生日参賀は、それぞれ年1

回しかないものの、これも予約等なく自由に入れます。皇居宮殿は西の丸御殿があった江戸城西の丸跡に建っています。是非こうした機会を利用して江戸城内部を探索してください。

ただ夏季や年末年始、行事のある日などは皇居参観が休止になるので、宮内庁ホームページで確認してください。参観は午前と午後の2回あり、いずれも定員500人でうち200人が事前予約できます。つまり当日受付の定員は300人ですが、満員になることはあまりないようです。運転免許証など身分証明書が必要なのでご用意を。受付開始は午前9時半と午後1時。桔梗門前に集合です。東京駅丸の内口から行幸(ぎょうこう)通りをまっすぐ皇居に向かい10分ほどです。

まず江戸時代の門が残る桔梗門に入ります。ここからは宮内庁管轄なので、本来重要文化財でもおかしくない建物ですが未指定です。枡形左側には石垣がありませんが、堀なので石垣を造る必要がないのです。またこの**蛤**(はまぐり)**堀**は、江戸時代にはさらに奥に続いており、「1-1」(大手町から飯田橋)で紹介した大手三の門前から二の丸を取り囲んで平川門側の**天神堀**(てんじんぼり)まで繋がっていました。

明治初期の写真を見ると、この堀沿いに南から**蓮池櫓**(はすいけやぐら)(高さ17メートル)、**寺沢櫓**(てらさわやぐら)

(13メートル)、**百人櫓**(同)、**巽奥櫓**(17メートル)と天守級の櫓が林立し、訪れる者を圧倒していました。もちろん堀沿いは防御性を高めた多聞が建てられていました。

桔梗門は別名、内桜田門と言います。別コースで訪れる**桜田門**(外桜田門)とセットの名です。これはこの二つの門を、江戸時代以前の中世東海道が通っていたためで、当時その道は海に面していました。桔梗の名は、江戸城を最初に築城した太田道灌の紋にちなんでいます。

さて参観者は桔梗門を入るとすぐに最寄りの窓明館という建物に案内されます。ここで参観の注意を受け、紹介ビデオを見て、その間お土産も買えます。ここでしか買えないお菓子や小物もたくさんあります。

参観は宮内庁ベテラン職員の解説つきです。窓明館を出るとすぐ右手にレトロな石造風の建物が見えますが、これはかつての枢密院で、現在は皇宮警察庁舎になっています。敷地は先にお話しした蛤堀を埋め立てたところです。

旧枢密院脇を通って、かつて寺沢櫓があったあたりを抜け、中之門に続く郭に出ます。新年参賀などの際はここから大手門に抜けることができます。昔はここを塞ぐ寺沢門がありました。正面車庫の裏の石垣は右側が切込み接ぎ、左側が打込み接ぎと工法が異なっているのが面白いです。この裏は中之門の枡形です。

左へ進むと富士見櫓が見えてきます。この櫓は「八方正面の櫓」と称し、どこから見ても美しいと言いますが、高い石垣の上に載った姿は、確かに地方の天守と比べてもまったく見劣りしません。そのやや手前、本丸石垣に小さな切れ込みがあります。ここには**下埋門**（しもうずみもん）という本丸に続く通用門のような門がありました。

左に皇居内のガソリンスタンドがあり、通り過ぎると蓮池門跡の石垣が地面から少し顔を出しています。ここにあった蓮池門は、１９１０年に名古屋城正門として移築されました。名古屋城は、当時は皇室の離宮で１８９１年の濃尾（のうび）地震で大破した門の代わりとされましたが、１９４５年の空襲で焼失してしまいました。

移築の際に見つかった石に柳川（やながわ）藩主立花（たちばな）宗尚（鑑任（あきたか））が修築した、ということが書かれており、石垣の先の地面に埋め込んであります。ここから宮内庁に向かう道は、富士見櫓直下まで蓮池堀が続いていましたが埋められてしまいました。

本丸西側の蓮池堀が見えるところまで進むと、高石垣が見事です。左手には**宮内庁庁舎**があります。宮内庁を右手に見ながら進んでいくと道が分かれ、右手は坂、左手には**坂下門**（さかしたもん）が見えます。坂は「塔の坂」と言い宮殿の入り口ですが、江戸城西の丸御

殿ではここは裏口に当たり、現在の宮殿でも退出口になっています。

参観では**宮殿**前まで行って話を聞いて戻り、宮内庁との渡り廊下下をくぐって紅葉山の裾野に出ます。紅葉山には徳川家康をはじめ歴代将軍を祀る廟（びょう）がありましたが、維新後に明治政府の手で破壊されました。蓮池堀近くまで下ったあたりには紅葉山文庫という幕府に伝わる重要古文書などの収蔵施設、図書館がありました。参観はこの後、桔梗門から退出して終わりです。

参賀は参観と異なり、皇居の正門である江戸城西の丸大手門から入場します。江戸時代、西の丸には将軍を隠居した大御所らが住む御殿があり、それは本丸が火災で焼けた場合に備えた予備の御殿でもあ

（左）大名登城の入り口でもあった桔梗門。別名は内桜田門
（右）皇居内にしかないパッケージの「二重橋ゴーフレット」

りました。

明治天皇はなぜそこに住んだのでしょう？　実は明治維新時に本丸御殿は火災で焼失しており、幕府は再建できていませんでした。もうそんな財力はなかったのです。江戸無血開城引き渡しの儀式も西の丸御殿で行なわれ、まもなく江戸に来た天皇もその西の丸御殿に住んだというわけです。1873年に御殿は失火で焼失し、天皇は今の赤坂御所内にあった旧紀州藩邸を仮御所とします。宮殿建設はすぐ計画されたのですが、洋風か和風かで揉めたこともあり、完成は1888年までずれ込みました。

このころには馬車などの利用もあり、急坂の多い本丸よりも、西の丸での再建が、よしとされたようです。一時は有名な建築家のジョサイア・コンドルが設計した石造の宮殿を、今の吹上御所南方に作る案に決まりかけていましたが、推進していた榎本武揚(えのもとたけあき)の不在中に、西の丸に和風で、と決まったとも言います。

この明治宮殿は1945年、近くにあった旧参謀本部を米軍が爆撃した際に飛び火で焼け落ちてしまいました。米軍は宮殿を狙っていません。木造ですから飛び火に弱かったのですね。石造であれば残っていたかもしれません。

参賀では正門をくぐり、ぐるっと180度巡って二重橋を渡ると**西の丸下乗門**です。今は石垣だけですが、ここの石垣の表面処理は実に美しいので注目して観察して

西の丸下乗門の石垣。その表面仕上げは芸術的とも言える

くださいか。進むと参観と同じ宮殿前広場に出ます。参賀の時は、塔の坂を下って坂下門から出るか、桔梗門、**乾門**あるいは皇居東御苑の各門から出られます。

寄り道コラム１

江戸城の構造——三重構造の桁外れの巨城

江戸城の構造を大まかにご説明します。まず本丸御殿ですが、時代によって若干違いはあるものの、武家の御殿形式である書院造りでほぼ同じです。これは各地の大名の御殿も、規模の差はあってもほぼ同じです。

玄関を入ると遠侍という待合室があり、大名はここから各自の控え室に向かいます。控え室は大名の格によって定められていました。玄関の西が大広間で江戸城内最大級の建物です。大広間上段の間は将軍のみが座る場所で、背後に巨大な床の間と違い棚、付書院、俗に武者隠しと言われる帳台構えがありました。この武家の部屋の形式が、今も床の間などとして受け継がれているわけです。

上段の間の広さは、幕末の万延度御殿で28畳です。ただしこの１畳は現代より１割以上広いので、今の感覚で言うと30畳以上です。南側の中段の間も28畳、下段の間は36畳で、境には20センチほどの段差があり、下段の間が低くなっていました。大名が座るのは下段の間で、普通に座っても視線の先は将軍のお腹あたり。こうして上下関係を視覚化しました。通常は顔を上げることすら許されず平伏したままです。

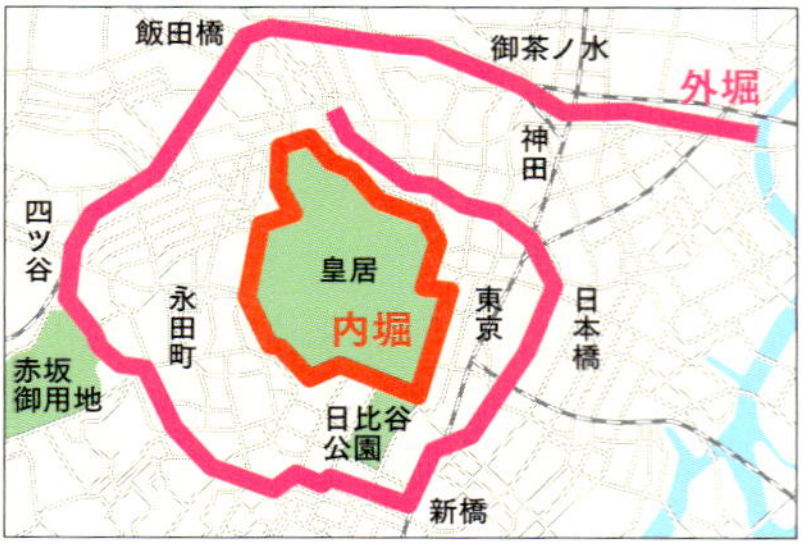

次に、下段の間の東に二之間54畳、三之間67畳と続き、三之間北側の四之間は82畳。主要部分だけで３００畳近くあり、その他畳敷きの部分は計５００畳にもなりました。大広間正面には能舞台があり、将軍が上段の間に座ったまま鑑賞できました。

現在、大名屋敷の御殿が残っている例は非常に少なく、江戸城本丸御殿に近いのは国宝二条城二の丸御殿ぐらいです。復元ですが名古屋城本丸御殿は将軍用のものですので、当時の絢爛豪華さを味わえます。

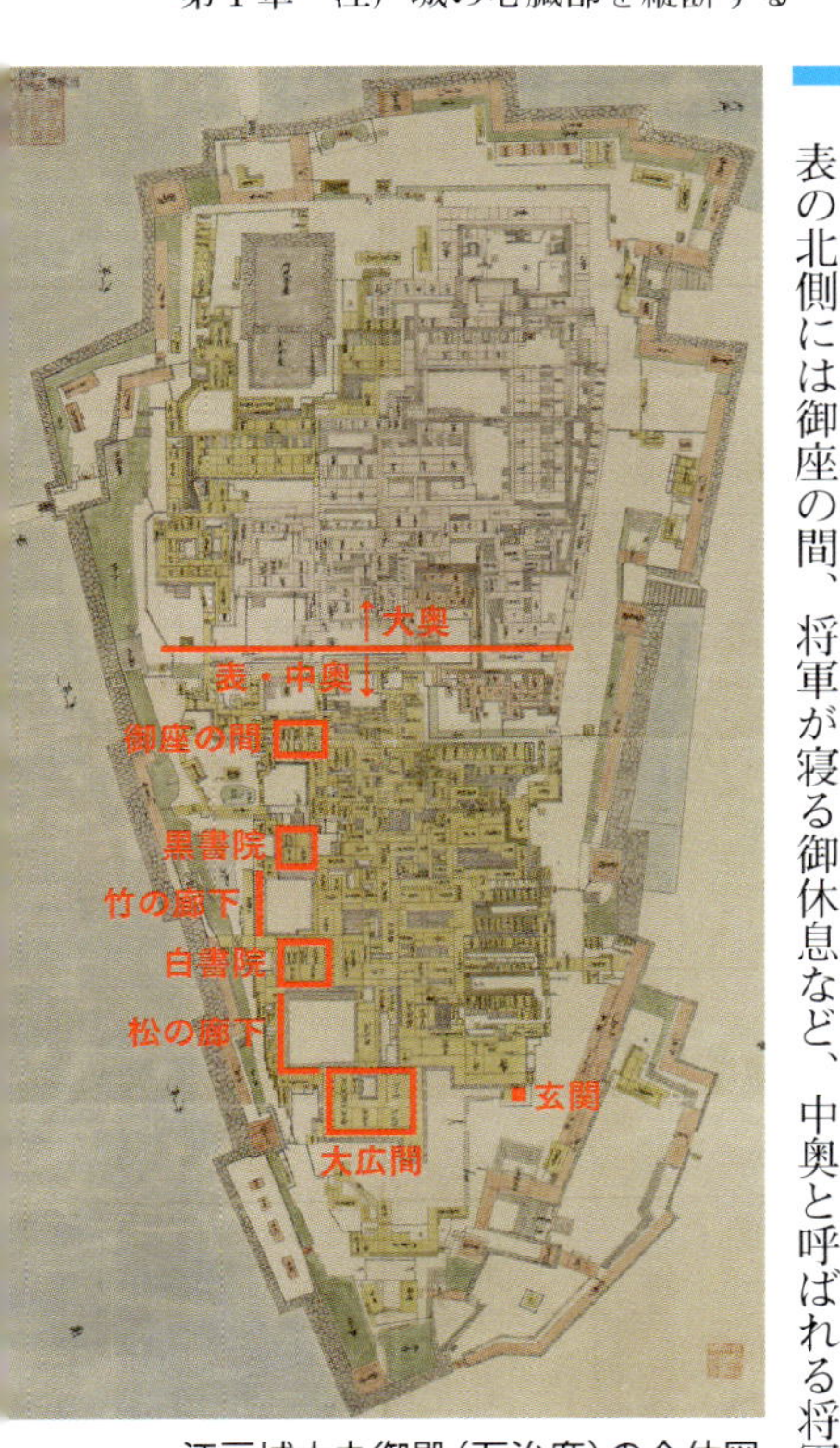

江戸城本丸御殿（万治度）の全体図と主な部屋の配置

江戸城御本丸御表御中奥御大奥総絵図（都立中央図書館特別文庫室所蔵）を基に作成

大広間は公式行事用ですが、個別の謁見、将軍の政務などのため、北側に白書院、黒書院というやや規模を小さくした広間が並び、L字型の大廊下で繋がっていました。大広間と白書院を結んだのが有名な松の廊下で、長さは55メートルほど、幅は4メートルほどありました。白書院、黒書院間は竹の廊下と言います。このあたりまでが表と称して公的な空間です。老中、若年寄、各奉行などが仕事をする部屋は、これら広間、書院の東側にありました。

表の北側には御座の間、将軍が寝る御休息など、中奥と呼ばれる将軍の日常生活の場がありました。富士見多聞のことを御休息前多聞とも言いますので、この前あたりにあったと思われます。

ここから北側が数多くのドラマにもなった大奥です。本丸御殿の面積は約1万2000坪でしたが、大奥は6000坪と半分、あるいはそれ以上を占めていました。内部は奥方や側室の部屋のほか、多数の女中が住む長屋のような長局(ながつぼね)がありました。中の実態はよくわからず、1000人が住んだとも3000人だったとも言われます。

次に城全体の配置、縄張りです。まず中心に楔(くさび)形状の本丸があり、面積は11万平方メートルほどで、周囲には三重櫓、二重櫓10基あまりが建ち、ほぼ全周を多聞が囲んでいました。本丸東側に二の丸9万平方メートルがあり、さらに三の丸7万平方メートルが囲んでいました。本丸南西には前将軍である大御所が住む西の丸22万平方メートルがあり、現在は宮内庁と宮殿があります。西の丸の北が紅葉山で、歴代将軍の廟と、紅葉山文庫(ぶんこ)がありました。

本丸、西の丸を大きく西側から囲んでいたのが吹上43万平方メートルで、現在は天皇陛下のお住まいがあります。さらに本丸北側に北の丸19万平方メートル、西の丸東側に西の丸下で、これら全体を内堀が囲み、内郭全体では230万平方メートルあります。ここまでで豊臣氏の大坂城とほぼ同等の広さです。内郭ではすべての出入口に枡形門があり、厳重に守られていました。本丸が内堀に接する部分はなく、江戸城は実質三重構造の城です。

これらの外部を総延長16キロの外堀が囲んでいました。ほぼ現在の千代田区、中央区全域です。外堀内部の面積は16平方キロもあり、桁外れの巨城でした。ここも大部分の場所で枡形門を通らないと出入りはできませんでした。江戸城全体での城門の数は40ほどにもなりました。

1-2 虎ノ門から大手町　3・5キロ

——中世東海道を辿る

■堀の深さは何メートルか？

東京メトロ虎ノ門駅の11番出口を出てください。エスカレーターを降りると文部科学省の敷地です。地上出口左側に石垣が見えます。これは江戸城外堀の石垣です。古い文部科学省の建物はほぼ外堀の上に建てられています。石垣は明治以降も壊されずに中庭に残っていたもので、近年敷地を再開発して高層化する際、発掘調査し整備されました。高さ7・4メートル、幅25メートルほどが出土しました。今は高さ5メートルほどの石垣が地下の黒い石の面から立ち上がっています。

実は今、上ってきたエスカレーターの横に部屋があります。エスカレーター脇の階段を降りましょう。すると階段でしか行けない地下室があり、そこから先ほどの石垣を見上げることができます。上から見た黒い石はかつての外堀水面を表わしており、地上に開いた窓の横に「外堀水面」と表示されています。

解説によると、石垣は実はこの下にさらに3メートル近く埋まっており、上もかつてはもう少しあって、江戸時代は9メートルもの高さの石垣が積まれていたそうです。部屋は**江戸城外堀跡地下展示室**と言い、「石はどこからどのように運んだのか」「江戸城外堀の全容」「現在地の遺跡」など詳しくわかりやすく展示されて、発掘・修復で取り出された石も置かれています。まるでミニ江戸城博物館で、とても勉強になります。

江戸周辺には、自然には石はありません。江戸城の築城石は西伊豆から東伊豆、真鶴近辺から船で運んできました。石の表面には矢羽の刻印があり、これはこの場所の工事を担当した佐伯藩毛利家のものです。

部屋から階段を下りる途中、右側の壁の黒い部分がかつての堀の水を表わしており、下の線に「外堀堀底」と書かれています。人の背丈と比べていただければわかりますが、2メートルないくらいでそんなに深くはありません。

内堀のデータを見ると、江戸城の堀の平均水深は1・25メートルで小学生でも背が立ちます。浅い清水堀など

文科省敷地内に残る外堀の石垣

70センチしかありません。堀は鎧(よろい)をつけたり武器を持ったりした兵が歩きにくくなればよく、別に溺(おぼ)れさせる必要はありません。無駄に深く掘ると工費がかさんでしまうのでこの程度なのです。ですから、くれぐれも飛び込んだりしないでください。骨折してしまいます。

下まで降りたらエスカレーターで上に戻りましょう。今度は右に行きます。床面に大きな石が埋め込まれているのがわかるでしょうか？　これは外堀の石垣ラインを示しています。辿って行くと地面が掘り込まれている場所があり、その片側にまた石垣があります。

先ほどの石垣は昔から上部が地表に出ていて存在が知られていましたが、この部分は再開発で発掘されました。高さ4・5メートル、幅35メートルあります。階段を下りて石垣を目の前で見ることができ、向かいの壁には様々な解説があります。

階段を戻って地上に立つと、文科省の建物を通り抜けられる通路があり、外は桜田通りです。左に行くと文科省正門で、その前の歩道上にも先ほど見た外堀表示の石が埋め込まれています。外堀は文科省の建物部分で曲がり、桜田通りを横切っていました。ちょうど目の前の中央分離帯植え込みのあたりに虎ノ門がありました。虎ノ門とは、江戸城外堀にあった門の名前なのです。

現在の桜田通り、国道1号線はこのまま北へ進んで桜田門で右に曲がりますが、この道筋は、中世には小田原から江戸へ続く小田原道と呼ばれる東海道の一部でした。ここから南は、神谷町、飯倉、赤羽橋、三田から三田台と内陸へ続いています。江戸時代以前は土木技術が未発達で、海沿いの道を造るのは困難でした。中世の道は内陸の尾根道であることが多いです。

戦国時代末期から江戸時代になると、城の石垣技術などを応用して海岸沿いの道でも、護岸を築いて安全に通れるようになります。家康は東海道を海沿いの道に変更しました。安全ならば平坦な海岸沿いの道の方が楽です。現在の銀座の中央通りから国道15号へ続く道です。しかし明治に入り国道に番号を振る際、中世の道の方に1号が振られ、近世の道には15号が振られ、また序列が逆転しました。

中世以前は、虎ノ門東側は日比谷入江という海で、ここからの小田原道はほぼ海沿いの道でした。重要な道でしたので虎ノ門をはじめ、桜田門、１－１で歩いた桔梗門（内桜田門）などを造って守りを固めました。

桜田通りを進んでいくと、財務省の手前左側に三年坂、財務省と外務省の間に**潮見坂**、外務省と総務省の間に**霞ヶ関坂**と続きます。反対の右側は平坦で、海を埋め立てたことが

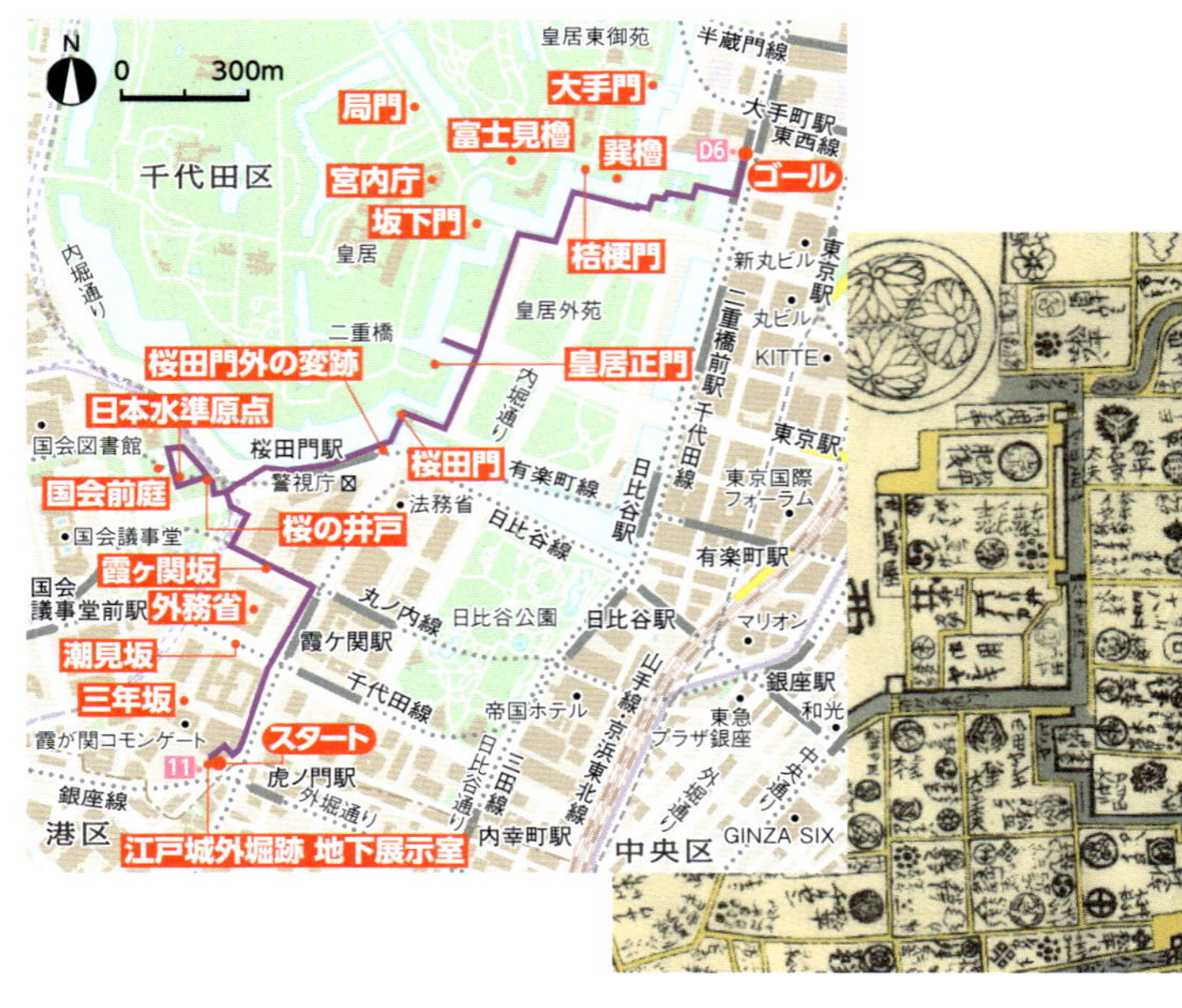

わかります。

外務省は明治維新以来ほぼ場所が変わっていない唯一の中央官庁で、江戸時代の福岡藩黒田家の屋敷地を受け継いでいます。正面や北東側の境界には、黒田家時代に築かれた石垣が今も残っています。この上には家臣が住む長屋などが建ち、屋敷を守っていました。

総務省手前で左に行き、霞ヶ関坂を登ります。突き当たりの向こうに木々の豊かな公園があります。「国会前庭」です。国会議事堂前の道を挟んで北地区と南地区に分かれ、南地区は先ほどの黒田家や総務省にあった広島藩浅野家の屋敷地でした。明治以降、皇族邸などになり戦後は公園となります。

外務省外周の石垣。坂に合わせて石垣が階段状になっている

■桜田門の威容と機能

右に行き、国土交通省前から横断歩道を渡り、さらに国会議事堂を左手に見ながら北地区側に渡りましょう。お堀側に入口があります。入ってすぐ、石で囲まれた箱のようなものがあります。江戸名所「**桜の井戸**」の遺構です。

北地区には彦根藩井伊家の上屋敷があり、この井戸はその外にあったものです。広重の名所江戸百景などにも三連釣瓶と共に描かれています。元はもっと堀近くにありましたが内堀通り拡幅で移転し、首都高脇に置かれて近年再度移転してここに移りました。

井伊家屋敷は、その前は加藤清正の屋敷で、また明治維新後は長く参謀本部、陸軍省が置かれました。上に登るとわかりますが、皇居を望む絶好の場所です。江戸時代は譜代大名筆頭の井伊家が置かれ、維新後は軍の中枢が置かれたのもうなずけます。

憲政記念館手前に「この地の由来」という控え目な碑があり、少し離れて日本の土地の標高を決める基準となる「日本水準原点」があります。保護するための標庫は明治時代に陸軍によって造られたもので、上に「大日本帝国」と残っています。

高台から振り返って進むと桜田門がよく見えます。井伊大老はここから江戸城に入るわずかな距離の間で暗殺されました。有名な桜田門外の変ですね。公園の下、国会前交差点に出て堀側に渡り桜田門に向かいます。途中、道路向かいの警視庁との間あたりが、その現場です。

桜田門は江戸城の門でも最大級の門で、櫓門の幅は40メートル近くあります。明暦の大火で焼失後に再建された重要文化財ですが、東日本大震災で損傷を受け大修理されましたので、門の鉄などは黒々と美しくなっています。櫓門下の石垣は、黒い伊豆石だけではなく、花崗岩も組み合わされており、模様が綺麗で感心します。また桜田堀方向から水面に映る姿は大変美しいです。

この門には防衛上の様々な工夫があります。まず枡形に入ると本来あるはずの石垣が櫓門の下にしかありません。入った正面と左側は桜田堀です。ここに入り込んだ敵は、堀を隔（へだ）てた高みにある西の丸の石垣上から狙い撃ちされます。石垣を造ってしまってはかえって隠れられてしまうので必要ないのです。

ここでお話ししておくと、戦国末期から江戸時代の主戦兵器は鉄砲です。槍（やり）も使う場合はありましたが、弓などはほとんど使いません。まして刀で斬り合うことなどありません。時代劇の合戦シーンはほとんど嘘です。では、なんで刀を持っているのか。最後に敵の首を取るためです。

人間心理は今も昔も変わりません。目の前で人と殺し合うなど、そんな恐ろしいことはできません。なるべく遠くから敵と戦いたいものです。鉄砲伝来以前は弓で戦うのが基本でした。槍を揃えて突撃したり、防戦したりもありましたが、主戦兵器は鉄砲です。馬での突撃などもありません。江戸以前の日本の馬は今のポニーぐらい。とても突撃などできません。馬は侍の地位を表わすものでした。鉄砲伝来以後の城は鉄砲から守ることを前提に造られています。高い土塁や石垣、広い堀

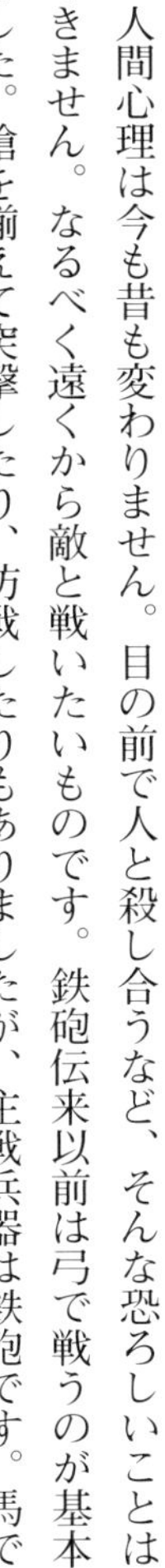

「桜の井戸」の遺構

雪の桜田門。井伊大老暗殺時もこのような景色だったか

はそのためのものです。

　城門は枡形門が究極の発達形態ですが、外枡形と内枡形の2種類がありました。堀や石垣などの防衛線の外に出ているのが外枡形、内側に凹(へこ)んでいるのが内枡形です。外枡形は突出しているので敵の攻撃を集めやすいですが、万一突破されても城内から反撃しやすいです。内枡形は守りやすいのですが、突破されると敵が一気に城内に進出します。

　この両方の特徴をうまく組み合わせたのが桜田門です。桜田門は上から見ると細長く飛び出た外枡形です。しかしその南側の面しか城外に面していないため、外から見ると内枡形と同じです。しかも飛び出しが細長いので、櫓門を敵が突破しても狭い空間に閉じ込められ、反撃が容易です。実によく練られた縄張り（城の設計）です。

ライトアップされた皇居正門（左）と皇居正門石橋、伏見櫓（右）

　桜田門を入ると広々とした皇居外苑で、江戸時代には西の丸下と呼ばれ、老中や若年寄といった幕閣（ばっかく）メンバーが就任期間に住む役宅（やくたく）的な屋敷が多くありました。周りを見回すと、高い土塁で囲まれているのがわかります。皇居外苑の城外側はすべてこのような土塁があり、本丸同様、外から中が見えません。また実に平坦ですが、ここも日比谷入江で、家康が埋め立てて造成しました。**二重橋前**方向に進んでいくと、左側がなだらかに高まり、右が平坦なのがよくわかります。

　そして皇居と言えば誰もがこの風景を思い浮かべる二重橋前です。ここが皇居の正門で、西の丸大手門でした。砂利（じゃり）の広場は歩きにくいですが、車椅子などが進みやすいアスファルト舗装の部分もあります。直接二重橋前に来るには、東京メトロの二重橋前駅から徒歩10分ほどです。新任の各国の大使らは、この門から馬車で宮殿に入って天皇陛下に信任状を捧呈(ほうてい)することが多いようです。そのような公式行事に使われるだけで、ここを皇族方が使うことはほとんどありません。

■「二重橋」の由来

正門前に立つと大きな櫓門があり、手前に小さな広場があります。江戸時代にはここに高麗門があり、西の丸大手門は、二つの門が一直線に並ぶ珍しい門でした。今は高麗門は撤去され、橋も石造になっています。

また多くの人が勘違いしていますが、二重橋とはこの正門に架かる橋のことではありません。「アーチが二つだから二重橋」と言う人がいますが間違いです。また皇居外苑から見て奥の橋とこの橋が重なって二重に見えるから、と言うのも間違いです。皇居正門をくぐると、ぐるっと回り込んで奥の橋を渡って宮殿に入りますが、この奥の橋こそが二重橋なのです。現在は正式には**皇居正門鉄橋(てつばし)**と言い、江戸時代は西の丸下乗橋、通称二重橋と言いました。

江戸時代から二重橋だったのですが、その理由は橋の架かる場所の谷の深さにあります。この部分の堀は非常に深く、江戸時代の木造技術では橋桁一つでは橋を架けることができなかったのです。古写真を見るとわかりますが、橋桁が下の段と上の段と二重になっており、それで二重橋と呼ばれるようになりました。

二重橋の向こうには、２階建ての**伏見櫓**（ふしみ）とそれに続く**伏見多聞**が見えます。この櫓は関東大震災で崩壊し、再建の際に基礎から人骨が見つかり大騒ぎになりました。「人柱か」などとも言われましたが人数は16人。多くの古銭なども見つかっており、江戸時代以前に埋葬された墓だったようです。

皇居正門鉄橋。この橋が二重橋

家康が江戸城を築く以前、あたりは局沢（つぼねさわ）という谷地（やち）で、16カ寺と呼ばれる寺院群がありました。家康はそれらを立ち退かせて城を築いたわけですが、当時は寺が移転しても墓などは移転しません。墓石などがあることも珍しい時代でしたので、そのまま上に城を築き、400年近く経って工事で掘り当ててしまったのでしょう。櫓と多聞は東日本大震災でも損傷を受け、修復が行なわれています。

堀の先へ進んでいくと、今度は宮内庁の正門である坂

伏見櫓（左）と伏見多聞。皇居内からでないとこのようには見えない

下門が左側にあります。本来、正面に高麗門があり、左折して櫓門がありましたが、高麗門は撤去され、櫓門は90度向きを変えて建て直されています。この門の手前で、井伊大老に続いて老中安藤信正（あんどうのぶまさ）が襲われた坂下門外の変が起きました。

蛤堀沿いに進んでいくと、サブコース1の皇居参観の集合場所だった桔梗門前です。右手には大きな二重櫓があります。**巽櫓**（桜田二重櫓）です。高さは14メートル近くあり、丸亀城天守に匹敵します。このあたりで後ろを振り返ると、高層ビルの隙間に東京タワーが見えるポイントがありますので探してみてください。

お堀角の交番脇から内堀通りを横断歩道で渡り、前方の**和田倉（わだくら）噴水公園**に入ります。この内堀通りは日露戦争の戦勝祝賀パレードをするために堀を埋めて通した道で、江戸時代はパレスホテル側には繋がっていませんで

◀巽櫓は地方の天守クラス。三角屋根の切妻の下が石落とし

和田倉噴水公園敷地からの出土品

した。公園は上皇陛下のご成婚（1959年）を記念して整備された公園で、その後今上陛下のご成婚時（1993年）に再整備されて今の姿になりました。その際発掘されたものが正面の休憩所内に展示されています。

休憩所にはレストランもあり、向かいのパレスホテルの運営です。おトクなランチブッフェが売り物です。公園あたりは会津藩松平家の屋敷地でした。江戸城内郭内に恒常的に屋敷があったのは会津藩だけで、その信頼

和田倉門枡形石垣。手前は水道石桝

の度がわかります。

休憩所の左手には**和田倉門**の石垣があります。櫓門出入口の左手手前には、水道石桝（いします）が置かれています。江戸が水道の発達した街だったことはよく知られていますが、これは水を分配するための装置で本来は地下にありました。

和田倉門には、実は戦後まで高麗門が残っていました。しかし皇居の半蔵（はんぞう）門の高麗門が戦災で焼けたため、そちらに移築されてしまいました。取り替えができるほど江戸城の城門は規格化されていたわけです。

木造風の橋を渡ると日比谷通り。この下に三田線の大手町駅があります。あたりで昼食を取って「1－1」のコースと続けて歩くと、頑張れば1日で江戸城を縦断できます。

２ 乾通りを通り抜け——桜と紅葉が見事

２０１４年、上皇陛下の傘寿（さんじゅ）を記念して始まった皇居乾通り一般公開は人気のイベントです。宮内庁正門の坂下門から北の丸近くの乾門までの通りを乾通りと呼び、ここを通り抜け散策できるもので、春と秋のそれぞれ５日間から10日間、予約等なしで入れます。会期が毎回異なりますが、20万人から50万人が訪れています。

公開の狙いは道沿いの桜と紅葉を楽しんでもらうこと。しかし、普段見ることのできない江戸城の遺構も見られます。３月末から４月初めと12月初めに行なわれますが、桜の開花と紅葉の進み具合を見て日程が決められるため、直前での発表になります。

坂下門から入ると、まず本丸と西の丸との間の蓮池堀があります。高石垣は本丸のもので、折れを繰り返しながら続いている姿は壮観です。通常は内側からしか見えない富士見櫓を外から眺められるのも嬉しいです。

富士見櫓の向かいの道沿いに局（つぼね）門という門がありますが、江戸時代このあたりは

春の乾通り。かなり混雑する

近代美術館
竹橋駅
首都高都心環状線
国立公文書館
平川濠
書陵部
乾門
北桔橋門
天神濠
乾濠
天守台
楽部
西桔橋門
白鳥堀
富士見多聞
皇居東御苑
道灌堀
蓮池濠
局門
中雀門
皇居
富士見櫓
下道灌濠
宮内庁
蓮池門跡
蛤濠
坂下門
皇居宮殿
二重橋濠
N
0
200m

西の丸の北端で、吹上との間を仕切る紅葉山門という櫓門がありました。今は跡形もなく、局門もどこか別の場所から移築されたか明治期のものでしょう。隣の長屋状の建物も江戸時代にはなかったものです。

江戸時代、この先の吹上へは狭い土橋で、今はほとんど埋まってしまった**道灌堀**（どうかん）が局門近くまで広がっていました。道灌堀は西の丸と吹上を分ける堀で、今は土橋で二つに分かれていますが江戸時代はひと続きでした。道灌堀はすっかり自然の風景になってしまい、とても東京の中心部とは思えません。

その先右側に本丸へと渡る橋があります。**西桔橋門**（にしはねばし）です。その名の通り本丸へ続く門なので跳ね橋になっていました。ここも普段は見ることができません。渡るとすぐに左に曲がり、狐（きつね）坂という坂になります。少し先でまた右

都心とは思えない道灌堀の自然

西桔橋から見た乾堀越しの乾通り

にカーブして門跡をくぐり、本丸の天守台脇に出ます。ここには櫓門はなかったようですが、代わりに坂の脇に菱櫓が控え、守りを固めていました。

西桔橋へ向かわず乾通りをまっすぐ進むと右手に**乾堀**（三日月堀）、その先に北桔橋が見えます。なかなか見られないアングルなので新鮮です。終点の**乾門**は、西の丸裏門を明治になって移築したもので、お城では珍しい薬医門形式（2本の本柱の後ろに控え柱を立て、その上に切妻屋根を載せた門）になっています。移築時に改築したのだとも言います。

天皇皇后両陛下が外出される際は、ここから車で出入りすることが多いようです。門を出て右へ紀伊国坂を下れば東京メトロ竹橋駅に出ます。

寄り道コラム2

江戸城の歴史（前編）——古代から太田道灌、徳川家康入城まで

江戸城は二つの地形の境目にあります。本丸を含む西半分は武蔵野台地です。多摩川が運ぶ土砂が10万年ほど前から堆積してできた巨大な扇状地で、そこに関東ローム層が積もり、さらに小さな川が谷を刻んで複雑な高低差が作られました。

東側は利根川などの大河川が運んだ土砂が溜まった平野で東京低地と言います。縄文時代はほとんどが海でした。両者の境はほぼJR京浜東北線で、現在の東京を弓状に貫いています。普通の地図では平板に見える東京ですが、東西でまったく地形が異なり、湿地帯だった東京低地は人の行き来を阻む障壁でした。

武蔵野台地の先端は海に突き出した眺めのいい場所で、海の幸、山の幸に恵まれて多くの貝塚があり、江戸城内でも見つかっています。古代国家時代は多摩川沿いが武蔵国の中心の一つでしたが、浅草付近には628年に浅草寺ができます。

その後平安時代末期の12世紀半ば、埼玉県秩父地方に根拠地があった秩父氏一族が現在の江戸城付近に館を作り、地名を取って江戸氏を名乗ります。江戸という地名の由来はは

っきりしませんが、「江」の「戸」、すなわち川あるいは入江の入り口を意味するのでは、という説が有力です。館は現在の本丸あたりとされますが異説もあり、遺跡は見つかっていません。江戸氏は秩父へ連なる河口部を押さえるためにやってきたのでしょう。

江戸氏は源平合戦の際、上総から攻め上がってきた源頼朝になかなか従わずやきもきさせます。それだけ江戸氏に力があったということと、東京低地を渡ることが難しかったことの証しです。その後、江戸氏は多くの傍流を作って現在の23区エリアに広がりますが、室町時代に入ると江戸の館は放棄され、世田谷にいた一族が喜多見氏となって残るに過ぎなくなります。

やがて上杉氏家臣であった太田道灌が現われます。太田氏は室町幕府の関東管領家上杉氏の分家、扇谷上杉家の家宰の家柄でした。

当時上杉氏は、茨城県の古河に本拠を構えるかつての主筋にあたる古河公方と対立状態にありました。道灌親子はこの古河公方に対抗するため、父資清（道真）は川越に城を築き、道灌は1457年に江戸城を築き、利根川のラインに防衛線を敷きました。

江戸城築城以前、道灌は品川の御殿山に根拠地を持ち、眼下の品川湊からの利益で力を蓄えたと言います。品川には頼朝創建の品川神社などがあり、鎌倉時代から港があって栄えていたようです。鎌倉時代創建の言い伝えを持つ寺院が多数あります。

このころの江戸城近辺は、品川から浜松町あたりまで現在のJR線内側が海岸線でした。浜松町から北には日比谷入江が入り込み、現在の桜田通りあたりまでが海でした。入江は丸の内まで続き、平将門の首塚はおそらく古代の古墳ですので、その付近まで海だったようです。

その脇に神田川の元となった平川が注ぎ、東の日本橋あたりからは半島が延びて、京橋から銀座を経て汐留あたりまで陸地でした。さらに東はまた海となり、今の築地・八丁堀・新川あたりは海です。浜町あたりも海に近い状況でしょう。江戸城は江戸湾のほぼ最奥で、武蔵野台地方面に向かう川との連絡もよく、入江には船が停泊でき、武蔵野台地の縁に道が通じ、交通の要衝でした。

道灌の江戸城の範囲は、現在の本丸と二の丸のあたりと考えられていますが、遺跡が見つかっていないのではっきりしたことはわかりません。城下町も栄えていたようです。当時江戸城に招かれた高僧の万里集九は、江戸城が三つの曲輪に分かれ、堀などを設けていたと書いています。また静勝軒という館があり、現在の富士見櫓のあたりには当時としては画期的な3階建ての楼閣があったとも言います。

道灌は関東各地で無敵の活躍をし、豊島氏を滅ぼして現在の23区内を掌握、敵対した長尾氏を打ち破りますが、あまりの力に恐れをなした主君に疑念を抱かせ、１４８６年に暗殺されてしまいます。その後、江戸城は扇谷上杉家が支配しますが、道灌の孫の資高が北条氏を手引きして奪い、以後北条氏の支配に移ります。

そして１５９０年に北条氏が豊臣秀吉に降伏し、関東が徳川家康の領地となります。江戸城には家康配下の戸田忠次が押し寄せ、戦わずして開城します。そして家康は江戸城を居城と定めます。

第2章

これが江戸城だ

縦断の次は内堀を一周しましょう。現存城門のすべてを見ることができます。前半は江戸城二の丸庭園にも入ります。後半は壮大な桜田堀から千鳥ヶ淵へ。心地よい水辺のコースです。

2-1 九段下から二重橋前　5・2キロ

——現存城門を堪能(たんのう)。その堅固さを知る

■堀沿いの道

東京メトロ、都営地下鉄九段下駅の4番出口で地上に出ます。目の前に交番があり、脇に「**蕃書調所**(ばんしょしらべしょ)」の解説板が立っています。幕末に作られた西洋学問を学ぶ学校で、東大の源流の一つになりました。

交番の角を右に曲がると、九段会館、かつての軍人会館跡です。現在建て替え工事中で、完成するとお堀端に通じる遊歩道ができるはずです。完成前はそのお隣(となり)、九段坂病院などが入る建物を抜けると**牛ケ淵**(うしがふち)という小さな堀に出ます。

堀の対岸には大きな土塁があり、その上に北の丸公園内の武道館の屋根が見えます。この堀は家康の江戸入城後の最初期に造られたもので、大勢の家臣が急にやってきて足りなくなった飲み水を確保するためのダム湖です。

堀沿いの遊歩道を進むと右手に**清水門**が見えます。回り込んで門へ向かう土橋が、かつ

夏にはハスの花が咲く牛ヶ淵

てのダムです。中ほどで、牛ヶ淵と下流側の清水堀の水位を見比べてください。牛ヶ淵の方が高いことがはっきりわかります。清水門枡形まで土橋は結構長いです。攻め手がここを渡ろうとすると、門に着くまで左側の北の丸内から銃火にさらされます。

清水門は国の重要文化財ですが、長いこと解体状態だったものを戦後に復元しました。

上に行くほど段差が大きい清水門内の雁木

ここの高麗門の肘壺（ひじつぼ）にも製作者の銘が入っています。門内の枡形は狭く、正面は高い石垣でやはり城内から狙い撃ち。櫓門を突破しても中は三方が高くなった枡形状で、二重枡形と言っていいでしょう。城内に入るには、さらに左へ大きく回り込んでいかなければなりませんが、この間も城内の高みから狙い撃ちされます。

城内に続く道は江戸時代の雁木（階段）状の坂が保存されていますので、登ってみてください。上に行くほど段差が高くなって、はあはあ言ってしまいます。江戸時代の人は歴史上最も背が低く、男性でも160センチないのが普通でした。この段差を攻めのぼるとしたらさぞ難儀でしょう。

また清水門入口に戻り、左側の横断歩道で正面の千代田区役所側に渡ってください。区役所敷地には、明治期には大隈重信の邸宅があり、記念碑が建っています。江戸時代には幕府の倉庫で、その発掘成果も展示されています。

竹橋方向に進んでいくと、頭上を首都高が覆うあたりの左手に日本橋川が流れています。首都高の下をくぐって左側に回り込んで行きましょう。**雉子橋**（きじ）という橋が架かっていますが、見回すと外堀である日本橋川と内堀である清水堀の距離が50メートルもありません。ここが外堀と内堀が一番近かった場所です。こんなに近いのは防衛上問題があるので、かつてはこの狭い外堀と内堀の間を〝通せんぼ〟する形で雉子橋門がありました。今の場所から少し離れた上流に、橋だけ架かっていたようです。

橋は渡らずに、向かいのビル側に渡ります。右に進んでいくとふたたび首都高をくぐり、左側に毎日新聞社が入るパレスサイドビルがあります。ビルの屋上は昼休み時間だけ利用でき、皇居がよく見えます。完成時には昭和天皇も訪れたそうです。

右側の橋が竹橋です。内堀通りを渡って近代美術館の側を歩きます。欄干(らんかん)に竹のレリーフがあり、伝説では江戸初期には竹で橋を作っていたためにこの名がついたと言います。袂(たもと)に高い石垣があり、その下になにやら文字が書いてあります。「三」「寸」などの文字が見え、石垣を積む時の積み位置を表わしているという説もありますが、はっきりとした意味はよくわかりません。

さて、面倒ですが堀を渡る前の橋の袂に戻って横断歩道を渡り

竹橋の石垣。下段中央の石に文字が見える

ます。先ほどとは橋の反対側を渡り、袂の左側のスペースに入ります。かなりガタガタになった石積みがあり、その前の解説板に明治初年の写真と絵地図があります。

また石垣の後ろから細長い土手が皇居の方に続き、右の本丸側の堀と左側の堀を分けています。これはもともと繋がっていた堀を区切った帯曲輪(おびぐるわ)で、内堀まで攻め寄せた敵が直接本丸を攻撃できないようにするためのものです。帯曲輪は通路になっており、平川門の枡形に続いています。つまり、守り手が竹橋門と行き来できるルートにもなっているわけです。

竹橋の袂に戻って、先に見える**平川門**に向かいましょう。手前に広場があり、皇居マラソンをする人の荷物置場になっています。一角に大きな石が置いてあり「太田道灌公追慕之碑」とあります。1936年、道灌の没後450年を記念して置かれたもので、石は虎ノ門付近で工事の際に出てきた石

堀を真ん中で区切っているのがよくわかる帯曲輪。右端が竹橋門

垣石を転用しています。また道灌による江戸築城550年を記念して2007年に立てられた解説板もあります。

平川門も皇居東御苑の入園口の一つです。木造風の橋の擬宝珠(ぎぼし)に注目してください。欄干の上の玉ねぎのような飾りです。青銅製ですが、すべてに年号と製作者の名が彫られています。これはもともとここにあったものではなく、江戸時代は西の丸大手門の橋の擬宝珠でした。明治になって石造にす

平川門の擬宝珠。江戸城に残る最も古い年号、「慶長拾九年」(1614年)と彫られている

上から見た平川門。橋と高麗門が90度ずれているのがわかる

る際に外して移されました。

古いものは「慶長拾九年」すなわち1614年、「御大工　椎名伊予」とあります。これは江戸城に残る年代が明記された史料で最も古いものです。次は「寛永元年」、1624年で、製作者には「椎名源左衛門尉」と「長谷川越後」の名がありますが、両方とも肩書きや名前の一部が斜線で消されています。どうやら江戸時代のうちに消されたようなのですが、その理由などはわかりません。デザインも微妙に異なりますので、違いを観察してみてください。

橋を渡りながら先を眺めると、高麗門の扉が見えません。見えるのは小さな出島のような場所とその向こうの壁です。これは門を守るための工夫です。もし敵が内堀まで押し寄せた場合、橋の正面に門があったら、敵は門扉を直接鉄砲や大砲で撃つことができます。距離も近いです。そこでわざわざ門の角度を90度曲げ、直接攻撃できないようにしたのです。

門に入ると残念ながら枡形が庭園のようになってしまっています。別にこんな風にしなくてもいいと思うのですが。見回すと大きな櫓門の脇にもう一つ門があります。けれども、よく見えません。この門が先ほどの帯曲輪に続いています。この門は**不浄門**（ふじょう）と呼ばれ、江戸城内から死者や罪人を出す際に使われました。刃傷（にんじょう）事件を起こした浅野内匠頭もここから出されたと言います。

櫓門は江戸時代からのものですが、ここは宮内庁管轄なので文化財指定はされていません。この門は大奥の女中や出入り商人などが使う通用門のような扱いで、局門とも言いました。門を過ぎて、また入園票を受け取り中に入りましょう。右へ曲がって堀と堀の間を抜ける途中で、右の堀奥に先ほどの不浄門が少し見えます。

さらに曲がっていくと細長い枡形の**下梅林門跡**です。ここは枡形というより、長い通路のような感じです。手前の高麗門跡には柱穴跡があります。櫓門跡を抜けると以前も訪れた梅林坂下です。ここは坂を上らずに左に行きましょう。**二の丸庭園**です。

■武蔵野の森、修復された石垣

手前の遊歩道から入っていくと左手に種々様々な木があります。これは全国各都道府県の木を集めて植えたスペースです。１９６８年の皇居東御苑開園時に全国からの寄贈で植えられましたが、半世紀経って大きくなりすぎたり弱ったりした木が出てきたため、２０１７年に再整備されました。以前と比べだいぶさっぱりしています。東京というのは面白い場所で、北海道のエゾマツから宮崎のフェニックス、沖縄のリュウキュウマツまできちんと育つのですね。

右側は何の変哲もない林ですが、ここは昭和天皇の発案で武蔵野の森を再現したものです。正式には「二の丸雑木林」と言います。かつての東京近郊の森は人手が適度に入ることで明るく、散策などに適していましたが、最近は消えてしまうか荒れ放題です。落葉広葉樹の林内は適度な下草や笹が生え、秋の七草なども植えられています。

庭園内を進んでいくと、左手に大きな茶屋があります。かつて吹上にあった**諏訪の茶屋**ですが、現在の建物は明治末年に再建されたものの移築です。右手には、春に大変見事な花を咲かせるサツキの植え込みがあります。そして前方に二の丸庭園の泉水があります。

江戸時代には将軍世子（跡継ぎ）などが住んだ**二の丸御殿**があり、小堀遠州作と言われた庭園もありましたが、1867年に焼失後は軍の作業場になったり、厩が置かれたりして池も埋められ、荒廃していました。そこで東御苑開園時に、9代将軍家重時代の絵図をもとに庭園を復元しました。

池近くには菖蒲田もあり、6月ごろが見頃です。ぐるっと回って奥の休憩所などを経て、「1－1」で訪れた白鳥堀の端に出ます。すると、そこに古めかしい街灯が立っています。かつて皇居正門石橋に立っていた電灯です。１８８７年に作られたものですが、老朽化したため、彫刻が施(ほどこ)された部分などは型をとって同じものを作り、１９８６年に交換しました。同じものが愛知県の明治村などにもあります。

　平川門の方に戻りますが、以前も通った汐見坂と梅林坂の間の石垣を見てください。右手と比べ左手の石垣の色がまだらです。この部分は２００５年までに積み直して修復したのですが、左側の方が火災による損傷が激しく、交換した石が多かったからです。

　しかし、前章でも石垣修復のお話をしましたが、こんなに大きな石が積んであるのに、なぜ修復が必要なのでしょうか？　それは長年の雨などで、どうしても石垣背後の部分が

(上) 諏訪の茶屋。茶室としての利用はできない　(下) 100年近く使われた皇居正門石橋の電灯

傷(いた)んでくるからです。

石垣を造る際には、まず石垣の後ろに版築(はんちく)（粘土などを突き固め、少しずつ重ねてゆく工法）などで壁を作り、栗石(くりいし)、裏込め石などと呼ばれる大きな漬物石のようなものを積んでいきます。排水を良くするためです。そしてその前にくさび状に加工された石垣石を積んでいきます。構造は結構、複雑なのです。

何百年と風雨にさらされると、この背後の栗石の部分に土砂が流れ込み、少しずつ石垣が膨(ふく)らんできます。植物の根が入り込んだり、石が劣化したりもします。江戸城は関東大震災クラスの揺れを何回も受けており、それに何度となく起きた火災の被害で内部に亀裂が入っていたりもします。そうなると、さすがに崩壊の危険が出てきます。

汐見坂と梅林坂の間は、明暦の大火後に白鳥堀を埋め本丸を拡大した部分です。それ以前には二の丸から堀に張り出した能舞台がありました。また本丸側には、家康を祀る東照宮がありました。修復ではこの東照宮の遺構などが見つかり、本丸拡張の工事を検証できる貴重な成果が得られました。解説板にはその詳細が書かれています。

■江戸城の鬼門除け

さて平川門まで戻り、橋を渡って右に行きましょう。平川門交差点の向こうは一ツ橋です。この手前右側に一橋家の屋敷がありましたが、歩道脇に案内板がありましたが工事のため撤去中で、工事囲いに写真が貼ってあります。

進んでいくと堀が大きく屈曲し陸地が張り出した場所、**大手堀緑地**に出ます。地下鉄の出入口、和気清麻呂像、震災イチョウなどが集まっています。和気清麻呂は古代の貴族で、僧道鏡が皇位を簒奪しようとした際に、これを阻んだ忠臣として戦前は有名でした。皇居の守りとして１９４０年に設置されています。

震災イチョウは、元はパレスサイドビル付近にあり、関東大震災で他の樹木が消失する中、片面を焼かれながらも唯一焼け残って葉をつけ、震災復興のシンボルとなりました。その後、区画整理で切られることになったのですが、惜しむ声がありこの場所に移植されました。

そしてこの場所が堀に張り出しているのには理由があります。このあたりは江戸城本丸から見て北東部分、昔の人が恐れた鬼門の方角に当たります。江戸時代は、この方向には社を置いたり、魔除けを施したりしましたが、その方角の角をなくす、という方法も多く行なわれていました。鬼門の角がなくなれば鬼が入って来ることができないという、現代人が聞くと「なあんだ」というような方法です。

そのためには屋敷の角を斜めに切ったりもしますが、このように角の部分を凹ませるという方法もとられました。京都の御所でも同じ方法がとられています。地図でも確認してみてください。本丸の北東が大きく凹んでいることがわかります。

また大手堀緑地の気象庁前交差点の堀ぎわには、さらに面白いものがあります。落ちないように堀ぎわの石をよく見てください。水面近くの石の表面に、斜めに「南無阿弥陀仏」と彫ってあります。これも鬼門除けと思われますが、誰がいつ刻んだのかはわかりません。

鬼門封じと思われる大手堀の石垣。角が凹んでいる

内堀沿いを進んでいきましょう。左側で三井物産ビルの建て替え工事が進んでいますが、その後ろに小さな森があります。平将門の首が飛んできて落ちたという将門塚（首塚）です。社や寺が近くに置かれ、その怨霊が鎮められてきましたが、大正時代にここにあった大蔵省を改築して首

(左)再開発工事中にアクリル板で覆われていた将門塚　(右)大手堀石垣のアップ。斜めに「南無阿弥陀仏」と彫られている

塚を壊そうとすると、祟りで大臣が死んだなどの噂が広まり、その後も壊そうとした米軍関係者が死んだ、などと噂されてきました。

このため再開発工事では、万が一にも首塚に事故が起きないよう、巨大な鉄骨とネットで落下物を防止し、首塚自体も覆って祟りが起きないようにしていました。見方によっては滑稽ですね。実は家康は、ここにあった将門を祀る社を移転させ、さらにその後も移転させました。それが現在の神田明神です。家康は将門に敬意を表し、江戸の鬼門守護、総鎮守としました。将門は朝廷に反旗を翻した人物ですが、江戸などの東国、特に武士からするとヒーローです。将門を祀る神社は江戸に数多くあります。

また首塚は、江戸時代は姫路藩酒井家の上屋敷内でした。江戸時代初期にはここで、『樅の木は残った』で知られる伊達騒動の一大事件、原田甲斐と伊達安芸の斬り合いがありました。その解説板も首塚内にあります。

内堀通りに戻り、大手門に向かいます。永代通りへ左に曲がり、大手町交差点で日比谷通りに入ります。すぐに右手に和田倉堀が見えてきますが、江戸時代にはここから**道三堀**という堀が、ほぼ永代通り沿いに日本橋川まで続いていました。

和田倉門跡への橋を過ぎると、東京駅から皇居に一直線に続く行幸通りです。本来は日比谷堀が続いていましたが、関東大震災後に東京駅と皇居を結ぶ道として、堀を埋め立てて造られました。その後中央は皇室専用の道となり、今は遊歩道になっています。日比谷方面に向かって次の堀、今は馬場先堀と呼ばれるあたりは、かつては八代洲河岸という名でした。九州に漂着し、家康の家臣となったヤン・ヨーステンが「耶楊子」と名乗り、この近くに屋敷を構えたのが名の由来です。そこから河岸の名が生まれたのです。これがのちに八重洲となり、今の東京駅八重洲口に連なっていきます。日比谷通り下にある東京メトロ二重橋前駅から帰りましょう。

寄り道コラム３

江戸城の歴史（後編）――天下人の居城から皇居へ

家康の関東移封(いほう)についてよく言われるのが〝秀吉意地悪説〟です。江戸は見る影もない寒村で、秀吉は家康を関東の田舎(いなか)に追いやったという説ですが、これは間違いです。

家康は東海、甲信で１５０万石を領有していましたが、山間地の甲斐と信濃(しなの)は通行も不便で開墾(かいこん)も難しい土地です。一方の関東は２５０万石と１００万石もの加増の上、まとまった平野で新田開発が期待できる将来有望な地でした。天然の良港もあり、大坂に地勢も似ています。平和が訪れて開発が進めば東日本の中心になることは、秀吉や家康ほどの人物ならわからないわけがありません。

直前まで敵領で統治の苦労はありますが、秀吉に次ぐナンバー2の座を確実にし、家康は天下を狙えると思ったはずです。家臣は嫌でしょう。先祖伝来の地から引き剥(は)がされ、完全に家康の統制下に置かれるからです。家康からすればそれも利点です。かつて家臣の反乱に苦慮しており、兵農分離ができる転封は大歓迎でした。

秀吉からすれば大坂から遠ざけ、伊達氏や会津の蒲生(がもう)氏と牽制(けんせい)し合えば大丈夫、との考えだったと思います。また何より秀吉の意識は朝鮮、中国へと移っていました。

江戸は寒村で家臣や家康は歯噛みした、というのも家康の功績を大きく見せる後世の創作でしょう。江戸は周辺でも特に栄えていた港でした。その後の江戸城構築で局沢16カ寺が移転させられましたが、16もの寺があったということは、それを支える経済力が地元にないと成り立たないことを示しています。よく比較される小田原は西に寄りすぎで、いい港がありません。鎌倉は狭い上にやはり港がなく、津波も来る場所です。

家康が江戸に入ったのは8月1日、八朔の日で、この日が江戸時代を通じて幕府最大の祝日です。農家の豊作祈願が発祥とされますが、武家社会では中世から儀礼行事が行なわれていました。しかし開城は4月なので、もっと以前に家康は検分していたはずです。8月1日の江戸城入城は、縁起のいい日を選んでの儀式だったのでしょう。

その後の家康は家臣団の飲み水確保や、道三堀、小名木川開削などは行ないましたが、江戸城本体は最低限の修復だけで、ほとんど工事をしませんでした。家康がほとんど上方にいて中央政治で忙しかった、ということもありますが、築城しない態度は当時から「徳川殿はなぜ城を造らないのだ?」という疑念を招きました。

秀吉の天下統一後、諸大名は一斉に領地で築城を始めます。しかしこれらの城は秀吉配下であることを明確にするために、大坂城より小さい城でなければなりません。家康はこれを嫌い、「野心あり」と諸大名に無言のアピールをしました。

そして関ヶ原合戦後の1603年に幕府を開きます。これで全国の武士はすべて家康の配下になり、江戸城の本格的構築に乗り出します。この工事については次のコラム「江戸城工事の概要」（103ページ）でお話しします。

家康の江戸城プランは、北条氏の小田原城に倣った総構え構造（城下の町を含めた城の範囲の外周を堀や土塁で囲む構造）を全国最大規模で構築する、というものだったと思います。北条攻めの際、小田原城の総構えの効果に全国の大名が驚き、秀吉はじめ多くの大名がそれを真似しました。それが現在の外堀内の江戸城です。しかし参勤交代が始まり全国の大名が江戸に住み、経済も発展していくと家康の思惑を超えて江戸は大きくなり、手狭になってきます。

幕閣が危機感を覚えたちょうどその時、1657年に明暦の大火が起き、江戸の町は壊滅します。これを契機に家康プランの枠を外し、江戸の街は外堀外へ発展します。こうして現在の東京の骨格ができました。内堀、外堀の環状構造と放射状に延びる街道。大名屋敷、旗本屋敷、町人地の区分。これが現在の東京の構造につながっています。こうして江とは重要文化財に対する国宝のようなもので、平城宮跡、三内丸山遺跡などが指定されています。都内では、あとは旧浜離宮庭園と小石川後楽園だけで、江戸城の重要さがわかります。

ここから左に入ると**楠木正成像**があります。１８９１年の四国別子銅山開山２００年を記念して住友財閥が寄付したものです。この像では「楠正成」と表記されています。歴史的には「楠木」が正しいようですが、『太平記』には「楠」と表記されており、戦前は「楠」が多いようです。西の丸下は、明治維新後はほぼ軍用地になりました。例外的に馬場先門脇に岩倉具視の邸宅がありましたが、死後になくなります。

現在は観光客用の駐車場などがあり、**楠公レストハウス**という休憩所、レストラン、売店があります。ランチは１０００円から各種あり、予約すれば江戸時代の料理を再現した「江戸エコ行楽重」が楽しめます。席数が３００席と大変広いので、団体も対応可能です。警備の関係なのか夜間営業がないのが残念です。最近は皇居外苑周辺もライトアップしており、いい雰囲気のカフェになると思うのですが。

皇居を向く楠木正成像

展示スペースでは皇居についての様々な説明やパンフレット、お堀に住む魚の水槽展示などもあります。売店では皇室関連グッズも買えます。この章のコース（2－1と2－2）を1日で回る場合は、ここでの昼食をお勧めします。

かつては木の橋だった馬場先門跡

馬場先門に戻り日比谷交差点に向かってください。脇の日比谷堀の水面より、交差点の路面の方が低く見えます。日比谷堀の水面標高は1・4メートルしかなく、ほぼ海水面と同じです。日比谷入江の埋め残しと言っていいでしょう。あたりの陸地も埋立地なので、海面とほとんど変わりません。

日比谷公園側に渡ります。ここにも江戸城の遺跡があります。公園の日比谷門を入ってすぐ、目の前に石垣があり左手に土塁が続いているのがわかります。これはかつて日比谷交差点あたりにあった江戸城日比谷門に連なる石垣と土塁です。「**日比谷見附跡**」との標柱と解説板があります。

第1章「1－1」で、格式第一等の大名が屋敷を構えた大手町が一等地とお話ししました。格付けは江戸城から見て時計回りになっており、丸の内が二番手、現在の霞が関あたりは三等地で丸の内から見ると江戸城の外方向となります。なんだか今の感覚とは違います。ですから日比谷門の外は霞が関側で、日比谷側が城内でした。

公園に入っていくと、日比谷見附跡から連なる石垣は霞が関を向いており、前には池があります。今は**心字池**と言いますが、かつての堀です。霞が関側から攻める敵に対して守る形になっていますね。遊歩道脇には「伊達政宗終焉の地」の解説板もあります。江戸

日比谷公園の心字池前には、石垣の列が立ちはだかる

時代初期、伊達家の屋敷があり、政宗は江戸屋敷で亡くなりました。

戻って日比谷堀に沿って歩くか、公園内を抜けるかして**祝田橋**（いわいだばし）に出ましょう。ここも１９０６年、日露戦争戦勝パレードのために堀を埋めて造った橋で、内堀通りの原型となりました。江戸期の強固な石垣を崩して道を造り、道路両側には明治期の貧弱な石で作った法面（のりめん）があります。東日本大震災では江戸期の石垣は大丈夫でしたが、明治期のこの部分は崩れそうになり、修復されています。

さらに進んでいくと第１章の「１－２」でご案内した桜田門です。手前左手の煉瓦（れんが）造りの旧法務省本館あたりに米沢（よねざわ）藩上杉家の屋敷がありました。角の植え込みにレリーフがあります。また法曹会館脇の石は上杉邸の庭石だと言われており、説明板があります。

桜田門を過ぎると右側は桜田堀となり、江戸城側の景色が変わってきます。ここまではずっと平坦な道で、堀の水面から石垣が立ち上がっていましたが、このあたりは土塁の上と下にだけ石垣があり、中間は芝地です。この上の部分だけに石垣が積まれたものを〝鉢巻石垣〟と言います。堀に接する部分にも石垣があり、これは〝腰巻石垣〟と言います。この鉢巻、腰巻と聞いてニヤッとするのは、相当のご年配の方ですね。

こうした造りになっている場所は、元々の地面を掘り下げて堀を造ったところのようです。ここから先、再び九段下に戻るまではそのような形です。第3章の「3－1」で紹介するコース沿いや、二重橋から桜田門まではかつては海で、新たに土盛りをして城を造りました。ですから外側には石垣が築かれています。

桜田堀は江戸城に残る最大の堀で、水面の面積は9万6000平方メートル、最大幅は100メートル以上もあります。かつては平河町あたりから最高裁判所と国会図書館の間、つまり青山通りあたりに小さな川が日比谷方面に流れており、そこを掘削して堀にし

手前の石組みが柳の井戸

（上）人を寄せつけそうにない半蔵門の土橋　（下）広大な桜田堀。向こうは霞が関の官庁街

たようです。この先の半蔵門付近では台地を直接掘り込んでいて、水面まで20メートルはありそうな崖のような斜面になっています。

桜田堀の堀端が急坂になる手前、お堀に続く石段があり、水際に石の箱のようなものが見えます。これは江戸時代の名水、**「柳の井戸」**跡です。かつての川はこのあたりを流れていたと思われ、そこを堀として断ち切ったため、地下水脈が井戸となって湧いたのでしょう。その名の通り、以前は柳の木が傍らにあったのですが、なんと最近の整備で切られてしまいました。残念です。

堀側の歩道は狭く、時間によっては向こうからたくさんの皇居ランナーが走ってきますのでお気をつけください。ランナーは反時計回りで走ると決まっています。堀沿いには、ところによって桜もありますが、菜の花、サツキ、彼岸花、ダイコンソウなど季節によって様々な花が咲き、目を楽しませてくれます。

最高裁判所を過ぎ、国立劇場向かいあたりで坂が緩くなった右側、植え込みの中に「特別史跡　江戸城跡」の石碑があります。わかりづらいのでお気をつけください。バス停の向かいが目印です。登り切ると**半蔵門**です。台地を深く掘り込んでいるのがわかります。そして振り返った桜田堀の眺めが壮大です。

■幕府のイベント会場があった場所とは

この門は皇族方が出入りされる際に通行されることが多いようです。私も何回か遭遇したことがあります。周囲に目つきの鋭い男たちが大勢いたら、間もなくお出ましですので待ってみてください。

というのも、半蔵門のすぐ裏が、天皇陛下がお住まいの御所がある吹上だからです。江戸時代初期には御三家の屋敷などが立ち並んでいましたが、明暦の大火後は基本的に火除けのための空き地になりました。ただの空き地ではもったいないので、植木が植えられたり、8代将軍吉宗（よしむね）などは動物園的に使い、一時はゾウも飼われていました。城内に入ることを許される山王祭（さんのう）の山車（だし）などの上覧会場は吹上だったようで、幕府のイベント会場&動植物園という趣（おもむき）ですね。

明治維新以降も大きな施設は作られることはなく、馬場やゴルフ場などがありました。戦時中には天皇陛下用の防空壕が作られ、終戦を決めた御前会議が開かれたのはその壕の中です。壕はいまだに残っていますが、特に保存処置などは施されていないようです。重要な歴史の場なので、後世に残してほしいものです。

この吹上エリアが皇居内では一番入りにくい場所で、私も入ったことはありません。清掃などをする奉仕活動に参加するか、春に開かれる自然観察会に応募するしかありません。奉仕活動は日常的に活動している15人以上の団体で、平日4日間連続で参加できないといけません。なかなか難しい条件です。観察会は、2018年の例では200人程度しか参加できませんでした。あなたもチャレンジされてはいかがでしょうか。

千鳥ヶ淵越しに見る代官町通り脇の鉢巻石垣

半蔵門は、この近くに屋敷があった服部(はっとり)半蔵の名にちなむ、と言います。半蔵と言うと忍者と思うでしょうが、彼自身は武将で、伊賀(いが)組を束ねたというだけです。この一帯をご案内すると、「抜け道があるんですよね」などと聞かれますが、これも俗説。抜け穴伝説は、甲州街道で大規模に敷設(ふせつ)された玉川(たまがわ)上水(じょうすい)の巨大水道管などの記憶が変形して伝わったのではないか、と私は想像しています。

また甲州街道沿いの麴町(こうじまち)の名は、地下に麴室(こうじむろ)が多かったから、というこれまた俗説があります。確かに街道沿いに時折、麴室が見つかったりはします。しかしここには、中世に国府(こくふ)があった府中(ふちゅう)と結ぶ道があり、これを「国府路(こうじ)」と呼んだのが元ではないかと私は考えています。中世の国府路と現在の甲州街道が同じルートかどうかはまた別問題です

桜の時期は大混雑する千鳥ヶ淵。右が北の丸側

が。

半蔵門を過ぎると堀は半蔵堀となり、堀端は**千鳥ヶ淵公園**（ちどりがふちこうえん）となります。堀を眺める小さな展望台もあります。半蔵堀は、江戸時代は千鳥ヶ淵と一続きでした。このあたりも台地を掘り込んで造ったもので、その工事の大きさに驚きます。内堀通りの向こうにはイギリス大使館があり、両側とも桜の名所です。

イギリス大使館裏の麹町から番町（ばんちょう）、さらには富士見地区は、今は高級マンション街でもあります。この由来も江戸時代にあります。江戸時代この地区は旗本が多く住む街でした。特に番町は江戸城の警護を交代で行なった大番組（おおばんぐみ）の住む街区で、各組ごとに一番町から六番町まで整然と屋敷が並んでいました。この方面に大番組の屋敷を集めたのは、江戸城は北西側に陸地が大きく開けて続いており、防備上懸念される方向だったからです。

明治維新になるとこれらの旗本たちは失業し、空き家も増えてきます。そこに地方から出てきた新政府の官僚や、お雇い外国人たちが住み着き、邸宅とします。戦後になると、これらの敷地がちょうどマンションなどの敷地に好都合だったため、高級マンションに建て替わっていきました。

今も千代田区には一番町から六番町までがありますが、その場所にはなんと江戸時代とはまったく異なる場所もあるので注意が必要です。戦前に町名変更する際に、数字順に並び替えてしまったのです。

■「堀」と「淵」と「池」は、どう違うのか

さて、これまでも少し見てきましたが、東京中心部の街は、江戸の地区利用計画を色濃く引き継いでいます。トップクラスの大名屋敷があった大手町・丸の内地区は大企業が集中する高層オフィス街になりました。続く霞が関・永田町（ながたちょう）地区は官庁街になりました。

甲州街道の北から駿河台（するがだい）あたりまでの江戸城北西側は旗本屋敷で、高級マンションや中小オフィスの町です。その東の神田から日本橋・京橋・銀座は町人の町で、今も商業地区で

す。この利用形態の延長が山の手と下町という現代のイメージにも繋がっています。

　明暦の大火後は外堀外に大名屋敷などが広がり、それが現代では大学・公園・商業施設・病院などになっています。このように中心部から郊外まで、大規模な土地が大名屋敷として確保されていたのが、欧米都市にない江戸東京の特徴です。

　やがて派出所のある代官町(だいかんちょう)通りの出口に着きます。千鳥ヶ淵と半蔵堀を分ける代官町通りの土橋は、明治時代に造られたものです。江戸時代は一般人も竹橋から北の丸と本丸の間を通り、吹上の縁(へり)を通って半蔵門から甲州街道に抜けることができました。そうしないと、江戸城の東西を通行するのに大変遠回りしないといけませんので。それがこの土橋を造ることで交通を確保しつつ、吹上への立ち入りを禁止できるようになったわけです。

　代官町通りを横切ると千鳥ヶ淵ですが、ここは江戸築城最初期に造られた飲料水用のダムです。この章の最初でご案内した牛ヶ淵も同じ貯水池ですが、規模が違います。今の番町方面から本丸と西の丸の間を通って日比谷入江に注いでいた川を、首都高代官町出入口あたりでせき止めました。

　ちなみに飲料水用のダムはもう一つ、赤坂(あかさか)に「溜池(ためいけ)」が築かれましたが、飲料水目的の堀の場合はなぜか「○○堀」という名前にはなっていません。現在は水面上空を首都高が走り大変残念な景色です。私の持論は、首都高都心環状線はこれからの時代には不要、です。一刻も早く撤去して景観を回復してほしいものです。

右に曲がっていくと千鳥ケ淵戦没者墓苑が左側にあり、堀沿いはお花見向きの遊歩道に近年整備されました。途中に対岸の北の丸などを望める展望スペースもあります。また内堀では唯一のボート場も少し先にあります。春の花吹雪の下のボートは最高です。

やがて山縣有朋(やまがたありとも)邸庭園跡のある農水省施設を左手に見て、インド大使館前から九段坂上に出ます。庭園跡は紅葉時期に公開しています。ぜひ春も公開していただきたいです。九段坂を右に曲がって下れば、出発地の九段下駅です。曲がったところが空き地になっており、千鳥ヶ淵の向こうまで見通せます。遠くの東京タワーがすこーし見えます。

寄り道コラム４

江戸城工事の概要――足掛け70年、巨大都市の建設工事

江戸城の建設は３期に分けられます。第１期は、１５９０年の家康の江戸入府から１６０３年将軍任官までの準備期。第２期は１６３６年までの本格的構築、天下普請（てんかぶしん）の時期。第３期は１６３６年の外堀完成後、１６５７年の明暦の大火後の復興を含めた修正期です。

コラム２（江戸城の歴史・前編）で見たように、準備期の家康は目立った工事をしていません。この間に進めていたのはインフラづくりです。まず多数の家臣団が住むための水源として牛ヶ淵、千鳥ヶ淵、溜池の３つのダム湖を作り、同時に神田上水の構築に着手します。

次に江戸城の本格的工事に備え、軍用幹線としての掘割構築を行ないます。道三堀・小名木川を作り、さらに中川（なか）河口と江戸（えど）川河口を結びます。この工事で、江戸から利根（とね）川、荒（あら）川、江戸川を遡（さかのぼ）って関東の各地にいち早く到達できるようになりました。

ほぼ同時に、日比谷入江に注いでいた平川の流れが東側に付け替えられ、現在の日本橋

川＝外堀の原型ができたものと思われます。これで日比谷入江を埋め立てる準備が完了し、この後の堀工事で出る土などを利用して、土地が造成されていきます。

また太田道灌時代の本丸にあった堀を埋め、本丸を広げました。平川門から桔梗門あたりまで土手を築き、今の大手三の門あたりに大手門を作ります。西の丸の造成を進め、局沢16カ寺を移転させます。その後、朝鮮出兵などもあり工事は途絶えます。

そして家康が将軍になり第2期に入ります。この時点で全国の武士は、棟梁（とうりょう）たる家康の指揮下に入りました。当時の城造りは戦の一環で、軍役の一つでした。家康が命じる工事は公儀の軍役であり、天下普請と呼ばれました。徳川氏の城ですが、堀や石垣の工事は各大名が行ない、御殿の建物や天守などの建設は幕府が行ないました。

家康はまず築城の前段階として１６０３年、神田山の切り崩しと日比谷入江の埋め立てを西日本の26大名家に命じます。そして2年の準備期間ののち１６０５年、主に西日本の25大名家に命じて本丸、北の丸の石垣を築かせます。工事では伊豆から石を運ぶ船が嵐に遭（あ）い、数百艘（そう）が沈む惨事もありました。

本丸御殿の工事も進められ、すでに将軍職を譲られた秀忠（ひでただ）が、同年に移り住みました。完成後に天守の工事も進められ、江戸城最初の天守、慶長（けいちょう）度天守が１６０７年に完成します。この天守は本丸の中央に作られ、その姿ははっきりわかりませんが、大坂を向いて建てられた戦闘的な連立天守だったと言われます。また、この年には江戸城外堀の東側部分、雉子橋から溜池までの工事も行なわれました。

ここまでを第1次の江戸城築城とします。この期間、家康は各地で大坂城を包囲する城造りを、豊臣恩顧（おんこ）の大名を中心とした西日本の大名に命じます。二条城、伏見城、膳所（ぜぜ）城、加納（かのう）城（岐阜）、篠山（ささやま）城、名古屋城、駿府（すんぷ）城などです。豊臣系の力を削（そ）ぐと同時に、大坂攻めの準備をする一石二鳥の事業でした。さらに以後の江戸城建設工事にも共通するものですが、戦（いくさ）がなくなった後の公共工事の意味もありました。

秀吉の時代まで、武士は合戦で敵から得た領地を恩賞にして生きてきました。雑兵（ぞうひょう）などは略奪が生活の糧（かて）です。全国統一はその合戦をなくしてしまったので、極端に言うと武士は生活に困ることになりました。そこで秀吉は、さらなる領地と略奪先を求めて朝鮮に出兵したのです。

これは大失敗でした。これに学んだ家康は、失業した武士、雑兵たちを雇って城造りを行なうのです。合戦は命がけですが、城造りではまず死にません。そのうえ給料や食事まで手に入り、こんな嬉しいことはありません。大喜びで築城に参加しました。現代に残る築城図屏風などを見ると、まるでお祭り騒ぎです。

この後1611年、第2次工事で桜田堀など西の丸、西の丸下、吹上の堀工事が行なわれ、これで現在見るような内郭部分の縄張りがほぼ完成します。さらに、ここに石垣を造る工事を西日本中心の34大名家に命じ1614年に開始しますが、大坂冬の陣・夏の陣で工事は中断したようです。

豊臣氏は滅ぼしましたが、翌年に家康も亡くなり、工事を再開したのは1618年です。今度は東日本の大名が中心で、1620年にかけて北の丸付近の石垣や西側の各枡形、さらに神田川の開削も行なわれました。最後の仕上げとして1622年に本丸御殿と天守を築き直します。これが元和(げんな)度天守で、豊臣氏を滅ぼしたため大きな戦の心配がなくなり、御殿を広げることに重点が置かれたのと、将軍秀忠の威光を示す意味があったと思われます。ここまでを第3次工事としましょう。翌1623年に秀忠は将軍職を家光(いえみつ)に譲ります。

家光時代の大きな工事は、まず1629年。前年の大地震で多くの被害が出たため、その修復を中心に行ないました。これはかなり大規模な工事となり、東日本中心に全国から

70以上の大名家が参加しました。これを第4次としていいでしょう。

　そして第5次、最後にして最大の工事が、１６３６年にかけて行なわれた外堀構築と各城門の建設工事です。これにはほぼ全国すべての大名が動員されました。翌年には本丸御殿も築き直され、新たな天守、寛永度天守も築かれます。これは代替わりの意味が大きかったと思います。御殿はすぐに火事で焼け、１６４０年に再建されています。

「江戸城の歴史」のコラム（２・３）でお話ししたように、外堀構築までは家康の構想内だったと思います。しかし完成後まもなく、江戸の発展に追いつかれてしまいました。人口増に対応し玉川上水を開きますが、外堀の中にすべて押し込められた大名屋敷、寺社、町家はぎゅうぎゅう詰めで、火事でも起これば大変なことになると幕閣も不安視し、吉原の移転（大火前は人形町にあった）などを決めた矢先に明暦の大火が起こります。

　江戸城工事第3期となる大火後の復興プランでは、ゆったりした市街地を作ることに腐心します。吹上にあった御三家の上屋敷を外堀北西部に分散配置します。大大名の前田、島津、伊達も御三家と重ならない外堀外に出します。寺社は原則、外堀外へ出し、城外に寺町を作ります。吉原は浅草裏に移転させます。また隅田川以東の本所、深川を開発し、現在の文京区、新宿区エリアの開発も進みます。

さらに市街に火除け地や広小路(ひろこうじ)を作り、瓦屋根や土蔵を推奨。定火消を組織するなどして防火に努めますが、大火を防ぐことは結局できませんでした。

第3章 江戸の運河

江戸城の外堀は大きな「の」の字を書いており、「かたつむりの城」と形容する場合もあります。その総延長は16キロと日本最大でした。本章は外堀踏破の前半として、川となって残る部分と埋められた部分を、九段下から赤坂見附まで辿ります。

3-1

九段下から東京　3・4キロ
——人工の運河、日本橋川を知る

■江戸城本丸前の洪水を防ぐ

スタートは第2章の「2－1」と同じ東京メトロ、都営地下鉄九段下駅ですが、今度は5番出口で出ましょう。そのまま進むと、すぐに日本橋川に架かる俎橋（まないたばし）があります。上を首都高が走っています。渡って川沿いを左に行きましょう。小さな南堀留橋（みなみほりどめばし）があり、その次の首都高西神田ランプがある橋が**堀留橋**です。

現在の日本橋川は北へ神田川まで繋がっていますが、これは明治期の1903年に舟運（しゅううん）のために開削したものです。江戸時代の日本橋川は、堀留橋付近までしかありませんでした。だから「堀」「留」なのです。

しかし江戸時代以前は、平川という川が現在の神田川上流部分からこのあたりを過ぎて、今の江戸城三の丸付近で日比谷入江に流れ込んでいました。これでは大雨になると江

堀留橋と日本橋川

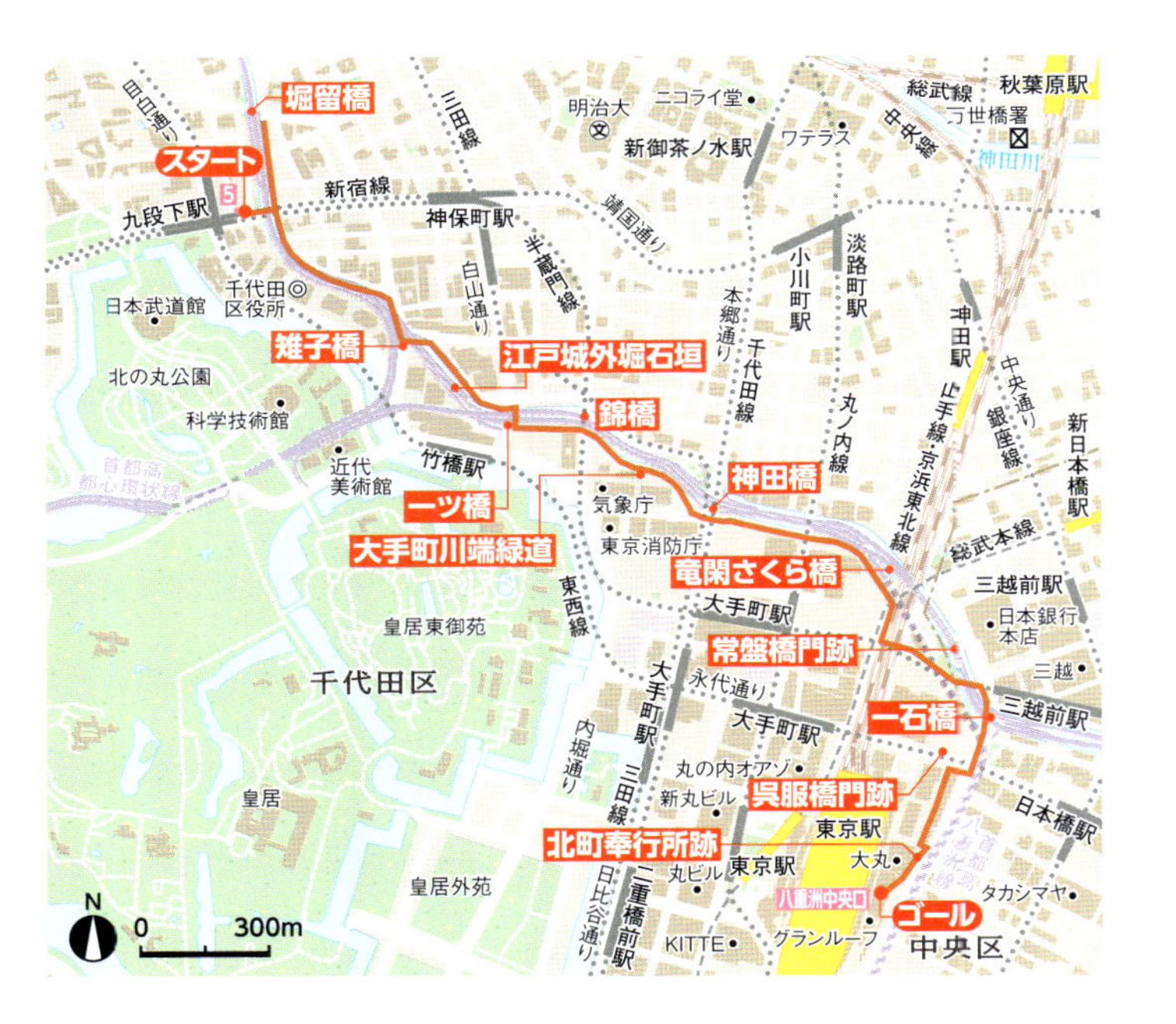

遊覧船から見上げた雉子橋近くの外堀石垣

戸城本丸前が洪水となってしまいます。そこで家康は、江戸入城直後にこの平川の流れを東側に変え、最終的には東京湾に流すようにしました。そしてその間に日比谷入江を埋め立てて武家地とします。

その後、さらに江戸城前の洪水を防ぐために飯田橋あたりで平川の流れを断ち、東の水道橋、御茶ノ水、浅草橋を通る神田川を切り開いて、流路を変更しました。残ったかつての平川の流れは、江戸城外堀として再構築されます。日本橋川は古くからの川筋も生かしつつ造られた人工の掘割＝江戸城外堀で、ここ堀留から始まっていました。明治期の開削はかつての平川を復活させたとも言えます。

来た道を戻り、俎橋も過ぎて日本橋川沿いを進んでいきます。間もなく「2－1」で訪れた現在の雉子橋です。ここまでの間は堤防が高すぎて、川が見えないのが残念です。雉子橋を越えて進むと日本橋川の対岸に大きな石垣が見えます。江戸城外堀石垣です。この先、**錦橋**（にしきばし）あたりまで、首都高の橋脚に切り刻まれながら続いています。

外堀石垣がこのように残っているのはここだけです。ふつうのお城であれば「江戸時代の石垣！」と観光スポットになりそうですが、日陰で目立たず、あまり知られていないのは残念です。日本橋川には遊覧船が運航されており、ここを通る船からは大きな石垣を間近に見ることができ迫力満点です。

■石垣の築き方で時代がわかる

ここで石垣の築き方について整理しておきましょう。城門などの目立つ場所には「切込み接ぎ」という大きな石を隙間なくぴっちりと組み合わせる技法が用いられました。一方、この外堀石垣のような長大に連なる場所では、やや隙間がある「打込み接ぎ」という技法です。表面はある程度平らに加工し、奥に向かってくさび状の石を使います。これは、堀のような長い区間を切込み接ぎで造るのは大変な労力とお金がかかるためですが、利点もあります。この隙間が地震の際の揺れを吸収するのです。

江戸城では切込み接ぎと打込み接ぎの石垣しかありません。しかし石垣が城に用いられるようになった初期の頃には、自然石を加工せずに積む方法がありました。これを「野面積み」と呼びます。よく「穴太積み」という言葉を聞きますが、これは工法のことではありません。最初に石垣を手がけた近江国の穴太衆が造った石垣、という意味です。また「算木積み」というのは、石垣が曲がる部分の角の強度を確保するため、積み木のような直方体の石を交互に積み上げる方法で、江戸城でも徐々に発達していく様子を見ることが

一ツ橋門付近の外堀石垣。崩れかかっている

できます。

「布積み」は同じような大きさの石を横一列に積む方法で、江戸時代にはあまり見られません。ほぼ正方形の石を、角を下にしてひし形のように積んでいくのが「谷積み」ですが、これは明治以降の日本独自の積み方で、時代を見分ける基準になります。

次の橋の一ツ橋を渡りましょう。渡った袂に、一ツ橋門枡形に連なっていた石垣の残骸を見ることができます。ただコンクリート壁で背後を支えられた無残な姿なので、きちんと整備してほしいものです。パレスサイドビル手前の首都高出入り口下にも、わずかに石垣が残っているのが見えます。川沿いの道を進みます。次の橋が錦橋で、橋から石垣がよく見えます。

錦橋の袂はKKRホテル。その向かいは気象庁で

神田橋ランプ下に残る外堀石垣。早く陽の目を見てほしい

すが、間もなく虎ノ門に移転です。その気象庁と日本橋川の間は遊歩道になっています。残念ながら目の前で渡る横断歩道がないので錦橋を渡って迂回(うかい)していきましょう。

この遊歩道は「大手町川端緑道」と言い、大手町地区の再開発に伴って造られたものです。ここから東京駅北のＪＲガードまで続いています。将来的には先ほど歩いた一ツ橋あたりや、ＪＲを越えた日本橋近くまで遊歩道が造られるはずで、そうなるとますます首都高が邪魔です。

遊歩道のデザインには江戸小紋(こもん)などの柄が用いられています。また錦橋の袂の歩道内には、「気象庁旧生物季節観測の木々」が残っています。かつて「紅葉」や「桜開花」などを知らせていた木々です。すぐに首都高の神田橋ランプですが、対岸からこの斜路の下を覗（のぞ）くと、外堀垣がわずかに残っているのがわかります。

ここには江戸城外堀の出入口、神田橋門がありました。神田橋を通る日比谷通りを横切る横断歩道もないので、少し迂回します。こうした車優先は、なんとかしてほしいものです。渡ったところに神田橋門の石垣石や門についての解説板があります。また一帯には江戸時代、庄内（しょうない）藩酒井（さかい）家の上屋敷があり、少し先の大手町フィナンシャルシティノースタワー角に小さな案内柱があります。

2018年に完成した「竜閑さくら橋」。日本橋地区と神田地区に人の流れを生む

遊歩道沿いには広場もあり、平日はキッチンカーも入って賑（にぎ）わいます。土日も路面の飲食店は営業しているので、いい休憩場所です。歩道の中央には不自然な石の列がありますが、これは発掘された外堀石垣を再構成したものです。さらに進むと明治以降にできた鎌倉橋で、袂には付近の歴史的変遷などを示す解説板もあります。

ここは横断歩道があります。渡った左側に日本橋川が少し凹んだ階段のような場所があります。江戸期にまで遡るものかはよくわかりませんが、かつて日本橋川を行く船から物資を陸揚げした物揚げ場です。江戸時代以前は、荷物の運搬は船が主役。江戸の町も水路が張り巡らされた水運の街でした。

その先では再開発ビルと直結したデッキが日本橋川を跨ぎ、対岸の神田地区に続いています。２０１８年にできた「**竜閑さくら橋**」で、橋の上から外堀＝日本橋川の眺めが楽しめます。この橋のおかげで、大手町のビジネスマンは神田で安いランチを食べやすくなりました。再開発ビルの敷地は福井藩松平家上屋敷でした。

■ここにも鬼門除けが

ここでＪＲの高架に突き当たるので右に回り込んでガードをくぐると、右側では２０２７年完成予定の高さ３９０メートルのビルなどを建設中。この敷地の中を、江戸時代は和田倉門から道三堀が続いており、銭瓶橋という橋も架かっていました。解説板が常盤橋公園向かいあたりの歩道上に立っています。

常盤橋公園には外堀の**常盤橋門**があり、今も枡形石垣の多くが残っていますが、門に通じる明治期の石造常盤橋の修復工事で閉鎖中です。東日本大震災で損傷を受けました。震災以前は歩行者専用橋で、また歩けることを願っています。この橋は江戸時代以前から交通の要衝でした。江戸中心部から浅草あたりで隅田川を渡り、奥州へ抜ける道筋にあったからです。かつては大橋という名前だったとも言います。こうした素地を元に、対岸の日本橋の街は発展したのです。

今は自動車も通る新しい常盤橋があるので、そちらを渡ります。左角は、江戸時代は金座のあった日本銀行です。ここは右に進んで、すぐまた日本橋川を渡る**一石橋**に向かいます。この地点は、江戸時代はお堀の十字路でした。

先の道三堀が西から繋がり、外堀は今の外堀通り沿いをまっすぐに南下していました。日本橋川は東の隅田川方向に向かっていきます。ここは江戸時代でも名所で、一石橋からは8つの橋が見えるということで「八見橋」との異名もありました。

一石橋の右側を渡ると、すぐに大きな石の柱が立っています。これは「**迷子しらせ石標**」と言い、江戸時代の迷子受け渡しの伝言板でした。迷子を預かった方と、迷子を出

一石橋上に残る「迷子しらせ石標」。正面には「満(ま)よひ子の志(し)るべ」の銘文が

した親が特徴などを紙に書いて貼ったそうです。それぐらい混雑したということでしょうが、驚くことにここだけでなく、江戸市中の浅草、上野、湯島などにもありました。しかし当時の場所に当時の石が残っているのはここだけです。

外堀のここから先は、戦後に埋められてしまいました。呉服橋交差点はその名の通り、外堀に架かる**呉服橋**という橋があり、城門がありました。交差点を右に少し行った場所に解説板が立っています。

呉服橋の名は、この橋の京橋側に幕府御用の呉服商後藤家の大店があったからです。先ほどの金座の元締めは別の後藤家が務めており、橋の北に後藤（五斗）、南にも後藤（五斗）、合わせて一石、それで一石橋の名の元になったという言い伝えもあります（尺貫法で、1斗＝約18リットル。10斗が1石）。江戸っ子は言葉遊びが大好きなので、本当のようにも思います。

呉服橋交差点を渡ったら、右手の鉄鋼ビルと丸の内トラストタワーの間に、それぞれのビル沿いに細い道がありま

北町奉行所跡から出土した石垣。向こう側の角が斜めに切れている

す。トラストタワー側の道に入ってください。ここは鉄鋼ビルが外堀の上に建っています。

その通路出口あたりに、石でできた溝が置いてあります。この近くで発掘された**北町奉行所**境の溝、ドブですね。これが面白いのは、この石積みは奉行所の北東部分に当たるのですが、角が斜めに切れている点です。「2－1」の大手堀緑地で説明したのと同様、これも鬼門除けのまじないです。お奉行ともあろう人たちが鬼門の祟りや災いを信じていたのですね。

その先の遊歩道脇には外堀を思わせる水の流れがあり、右側の通路上には目立ちませんが、かつて通っていた江戸期の水道管跡が示されています。夜は光るようです。さらに遊歩道脇の石の一部は江戸城外堀石垣の石です。通路出口左側に、周辺の歴史にちなむモニュメントについての案内板もあります。

遊歩道を出て外堀通りに出ると、もう東京駅の八重洲口です。右側の大丸の壁近くに、北町奉行所跡のプレートと解説板があります。見回すと地下飲食街の「北町ダイニング」という案内看板がありますが、これは奉行所にちなんでいるのですね。

その先、少しわかりにくいですが、駅前広場の植え込みの前に、近くで発掘された外堀石垣を延々と復元して積んであります。違法駐輪の自転車で見にくくなっているのが残念ですが。触っても怒られないので、江戸の石を触ってみましょう。

さて、ここでひとまず区切り。お帰りの場合は目の前が東京駅です。「3－2」に続けて1日コースにする場合は、ここなら昼食場所には困りません。

3　丸の内大名小路（こうじ）——日本経済の中心地は格式高い大名屋敷エリア

この章で紹介する外堀コースの内側には、日本経済の中心地、大手町・丸の内地区があります。この一帯は家康が江戸に来る前は海で、その後は大大名たちの屋敷になりました。

メインコースから少し外れて、東京メトロ丸ノ内線大手町駅のA5出口で出ましょう。五角形のアーバンネット大手町ビルと大手町野村ビルの間、このあたりでは珍しい狭い路地に入っていきます。すると左の新大手町ビルヂング沿いの歩道に「**道三橋跡**」との解説板が立っています。

江戸時代には、現在の和田倉門あたりから常盤橋、呉服橋まで道三堀という堀があり、その真ん中ほどのこの場所に橋が架けられていました。この道三堀を境に北側が「大手前」、南側が「大名小路」で、現在の大手町と丸の内にほぼ対応しています。

この道三堀は大変重要な堀で、家康が江戸に入って間もなく掘られたものです。当時は和田倉門付近まで日比谷入江の海が入り込み、東側に**江戸前島**と呼ばれる半島状の地形が突き出ていました。当時おそらく日比谷入江はかなり土砂で浅くなっており、舟運には適さなくなっていたようです。

江戸城への物資搬入や将来の拡張工事に備えるため、家康は江戸前島の付け根を横切る形で道三堀を造りました。これで江戸湊がある日本橋あたりから、江戸城の目前まで物資が運べるようになったわけです。和田倉の名は「わた」(海の古語)の近くの「倉」だと言います。

道三堀の海への出口は現在の江戸橋あたりでしたが、家康は隅田川河口部を横切った対岸からは、現在の江東区の海岸部分の湿地を整備した小名木川を切り開いて行

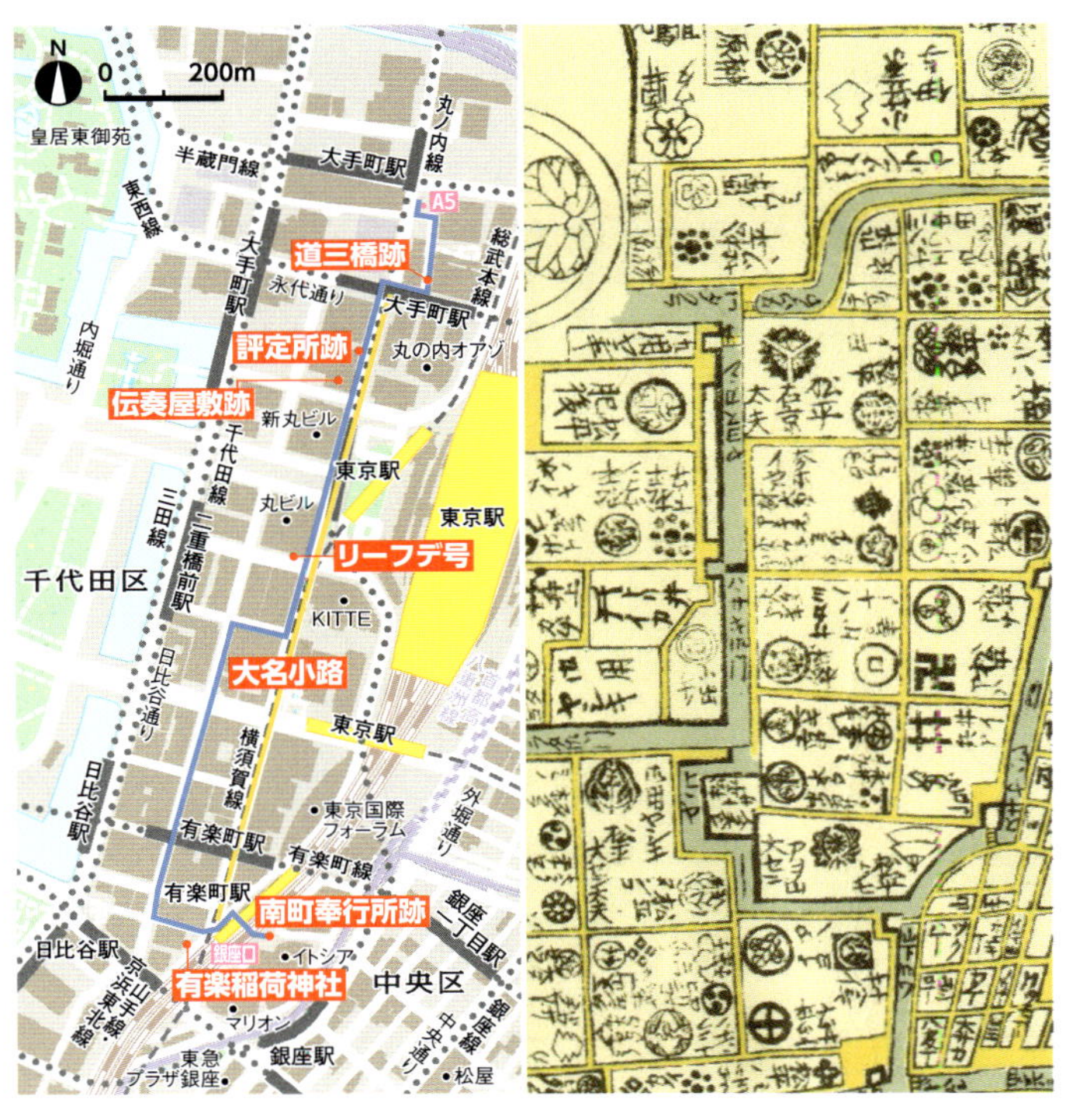

徳方面との交通路を確保しました。

小名木川は、行徳の塩を江戸城に運んだ塩の道とよく呼ばれますが、そうした側面はあったものの、むしろ軍事的な意味合いが強かったと思われます。関東に入ったばかりの家康がまず仮想敵としたのは、手近では常陸の佐竹氏であり、遠くは東北の伊達氏でした。つまり江戸から見て東北方向で戦わないといけないわけですが、根拠地の江戸から迅速に兵を進めるには、陸路で行くのはかなり困難でした。

行徳までの掘割を造った意味は、江戸城から利根川河口までの高速交通路を確保した、ということです。利根川を遡れば、佐竹や伊達が攻めてきそうな前線にすぐに到達できます。また領国となった関東各地からの情報や物資を、利根川を通じて素早く江戸にもたらすことができるようになりました。

同時に家康は日比谷入江に流れ込んでいた平川の付け替え工事も開始したようで、これが日本橋川の元になっています。家康はこの間、江戸城の補強や拡大などはほとんどしていません。そんなことよりも兵站（へいたん）が大事だとわかっていたのだと思います。道三堀は１９０９年に埋め立てられてしまいました。

道を抜けて右に曲がり、大手町駅前交差点に出ましょう。ここから南へ続く道の名は現在でも大名小路であり、江戸時代はこの先の地区の名前でした。先の道三堀の北側は大手門前の土地で、江戸城に一番近い場所です。江戸時代はここに大名屋敷を構えた家が、幕府と一番仲がいい、格式が高い、と意識されていました。

幕末時点で言うと、一橋（ひとつばし）徳川家、姫路藩酒井家、庄内（しょうない）藩酒井家、福井藩松平家、小倉（こくら）藩小笠原（おがさわら）家などです。大名小路地区はその次に位置する家で、例えば熊本藩細川（ほそかわ）家、鳥取藩池田（いけだ）家、高知（土佐）藩山内（やまのうち）家、徳島藩蜂須賀（はちすか）家、津山（つやま）藩松平家などとなります。ただ御三家や前田家など、屋敷が広すぎてこの地域に収まらない大名は、明暦の大火以降外堀の外に出されましたので、大名の序列を完全に反映しているわけではありません。

大名小路に入って東京駅方面に進んで行くと三菱ＵＦＪ信託銀行のビルがありますが、その手前に「**評定所及び伝奏屋敷跡**」との解説板があります。評定所は寺社奉行・町奉行・勘定奉行の三奉行に老中や目付が加わった幕府の最高司法機関、重要事項決定機関でした。現在の「イーヨ！」のあたりです。その隣に伝奏屋敷があり、ここは朝廷の勅使を迎え、宿泊してもらう場所でした。さらに進むと東京駅が見えてきます。ここにも大名屋敷はありました。津山藩松平家などです。

リーフデ号の像

東京駅前の丸ビル南側の駐輪場脇に青銅製の船があります。これは日本とオランダの友好回復を記念して戦後にオランダ首相から送られたもので、日本に来た最初のオランダ船、リーフデ号を模しています。船尾には人文主義者エラスムスの像がありますが、像の実物は東京国立博物館に収蔵されており、重要文化財です。この場所に置いてあるのは、先にご紹介した乗組員の1人、ヤン・ヨーステンがこの近くの八重洲河岸に屋敷を持っていたからです。

有楽稲荷。植え込みに囲まれて目立たない

次の信号で右に入り、すぐに左に曲がって丸の内ブリックスクエアの裏手に入ります。この通りは丸の内仲通りと言いますが、江戸時代にこの通りはありません。江戸時代は大名小路から日比谷堀までの距離が1区画の基本でした。現在の街区4個分ですね。現代は高層化されているとはいえ、大名屋敷の広大さがわかります。通り沿いの歩道に、現代の地図と江戸時代の地図を重ね合わせたものが置いてあります。

そのまま仲通りを進んで、有楽町電気ビル北館の手前で左に入りましょう。ちょっとわかりにくいですが、ビルの有楽町駅側の植え込み内に小さな神社があります。現在は**有楽稲荷**（ゆうらくいなり）と呼びますが、これはもともとここにあった高槻（たかつき）藩永井（ながい）家の邸内社、屋敷の鎮守（ちんじゅ）の社でした。江戸時代の屋敷には必ずこのような社が設けられていました。

その後、屋敷がなくなっても社だけ残り、祀（まつ）られ続けている場合が結構あります。

有楽町駅を抜けて、東口のイトシア側に出ます。地下に入る丸い入り口がありますが、この裏を見てください。**南町（みなみまち）奉行所跡**の文字と解説板があります。また横の石垣は発掘で出てきた奉行所周りの石です。以前からここが奉行所跡とはわかっていましたが、イトシア再開発の際の発掘で数多くの遺物が出てきました。

（上）南町奉行所跡から発掘された石で構成された石垣　（下）地下や地上の石のベンチも、出土した石の再利用

地下にはさらに面白いものがあります。先ほどの丸い入り口から潜（もぐ）ってみましょう。地下の広場の一角に、巨大な木の箱のようなものが立てかけてあります。これは奉行所

の地下から見つかった穴蔵（あなぐら）です。使用目的はよくわかりませんが、中から伊勢神宮の神官が大岡越前守（おおおかえちぜんのかみ）の家臣に宛てた荷札が見つかりました。レプリカが掲げてあります。あの大岡越前守が、まさにここにいたわけです。

また両側の木のベンチは発掘された江戸の水道管を再利用したもので、広場の各所や地上のビル周りにある石のベンチは、奉行所の周囲などで使われていた石を磨いて置いたものです。何も表示がないので、皆知らずに座っています。

3-2 東京から赤坂見附　4・3キロ

——消えた外堀を街並みで発見

■「八重洲」の謎

東京駅八重洲口から出発です。実は、このあたりの外堀は戦後まで残っていました。ところが戦災瓦礫(がれき)を処理するため埋められてしまったのです。ですから地面を掘ると、江戸期の石垣などが結構ザクザクと出てきます。どこが外堀だったのか、地上ではよくわかりませんが、地下に行くとはっきり「書いて」あります。

足下(あしもと)の八重洲地下街に降りましょう。地下の通りに出たら天井近くにある通路名を見てください。南北の通り名は「外堀地下1番通り」から「3番通り」まで並んでいるのです。江戸時代の堀底を歩く感じでしょうか。「1番通り」には、江戸時代の歴史展示や、徳川家康の外交顧問で「八重洲」の名の起源となったオランダ人、**ヤン・ヨーステンの像**などもあります。

第2章「2－1」で内堀沿いを歩いた際に、ヤン・ヨーステンの屋敷があって、そこが本来の八重洲だったと話しました。ではなぜ今は、駅の東のこんな離れた場所が八重洲になってしまったのでしょう。きっかけは町名変更です。昭和の初めごろまで、屋敷跡付近は八重洲町という地名でしたが、新たに「丸の内」という名に変わってしまいます。

それまで東京駅の出入口は西口が「八重洲町口」で、東口は八重洲町に渡る橋があったので「八重洲橋口」でした。ところが、八重洲町がなくなったため西口は「丸の内口」に改称し、「八重洲橋口」はどうしようか困ったのか、なんと「橋」を取って「八重洲口」

にしてしまいます。うーん、ちょっと乱暴ですね。

　戦後は外堀が埋められて橋もなくなり、八重洲橋の記憶も薄れます。すると東京都中央区は、戦後の町名変更の際に東口に「八重洲」という町名を作ってしまいます。さらに八重洲地下街もでき、今では誰もが八重洲と言えば東京駅東側を思うようになりました。だからヤン・ヨーステンの像がここにあるのは、ちょっと変な話なのです。

　外堀通り沿いを銀座方面に向かうと、すぐに**鍛冶橋**（かじばし）交差点です。ここには鍛冶橋門がありました。銀座側交差点角に解説板が立っています。さらに銀座方面に進むと右手が高速道路下の専門店街、「銀座インズ」です。この建物というか道路は、まさにかつての外堀の上です。戦後に首都高を建設する際、外堀を埋めて建てられたのです。

　中を通り抜けられるので、かつての外堀上（中？）を歩いてみるのもいいかもしれません。間もなく**数寄屋橋**（すきやばし）に出ます。「橋」の字があることでおわかりの通り、数寄屋橋門が

八重洲地下街外堀地下1番通りにあるヤン・ヨーステンの像

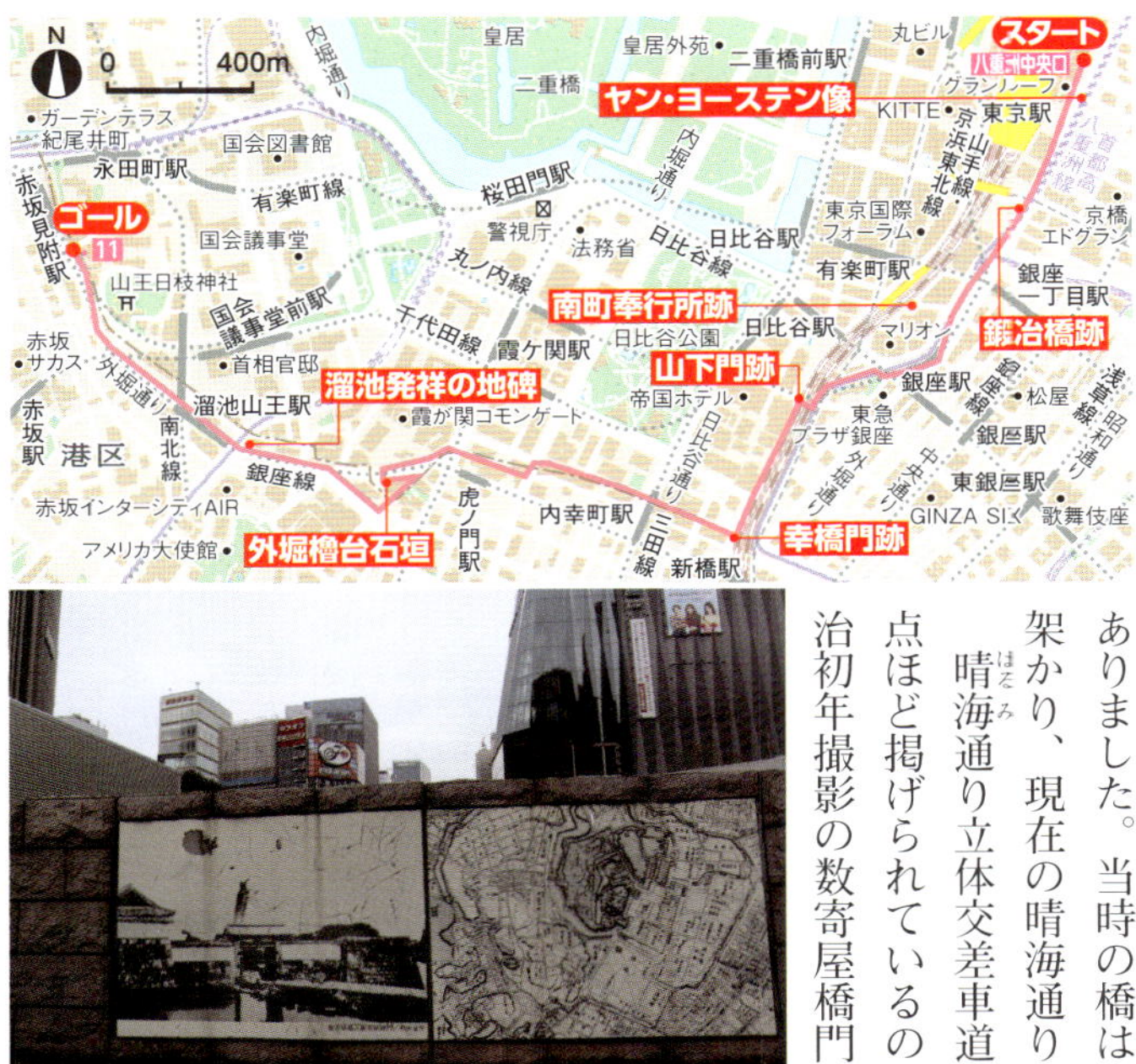

数寄屋橋の地下道壁には明治初年の数寄屋橋門の写真と当時の東京の地図が

ありました。当時の橋は東急プラザと有楽町マリオンを結ぶ方向に架かり、現在の晴海通りを斜めに横断していました。

晴海通り立体交差車道の外壁には数寄屋橋の過去の変遷写真が6点ほど掲げられているのですが、マリオン側の横断歩道脇には、明治初年撮影の数寄屋橋門の写真があります。横断歩道の途中で立ち止まらないと見られません。

ここで城内側に入り、外堀跡に建つ「銀座ファイブ」脇の道を歩きます。このあたりは、江戸時代は大名屋敷街です。東海道新幹線が右手から合流してきますが、新幹線も外堀を埋めて作られています。

前回、1964年の東京五輪は日本の復興を象徴する大イベントでした。絶対に成功させなければいけない。そのための都市インフラ整備として首都高が計画されます。東京の遅れた道路交通基盤を、欧米都市並みに引き上げる切り札でした。そして日本の技術力を示し世界を驚かそうとしたのが新幹線でした。

しかし東京五輪の開催決定は１９５９年で、開催までの猶予は5年しかありませんでした。２０２０年の東京五輪が７年前の２０１３年に決まっていたのと比べると、あまり時間がないです。首都高の建設開始も１９５９年。五輪関連部分路線は30キロあり、これを5年で作るのですから並大抵の突貫工事では完成しません。

そこで関係者がとった方法が、高架化と埋め立てです。広い道路・空間の上では高架にし、川などは埋め立てもしくは高架にするという手法です。道路や川は国や自治体のものなので、これで買収と土地造成の期間をなくし、事業開始即着工という離れ業が可能になりました。

■犠牲になった外堀

こうして江戸城外堀が犠牲になりました。日本橋川の上には高架が走り、呉服橋から新橋までの外堀は埋められました。そのほか江戸城内の堀や神田川、古川、楓川、京橋川、築地川などが消えていきました。これらの河川はほとんどが人工の運河です。ですから江戸時代にこれらの堀を造っていなければ、首都高を五輪に間に合わせて完成させることは不可能だったとも言えます。

私が常々、「現代東京の街は家康が作った」と言っているのはこういうことです。江戸のインフラ整備があって、その恩恵で現代東京のインフラ、特に交通インフラは成り立っているのです。しかしそうした過去の資産を食い潰した結果、現在では様々な問題が生じています。

例えば日本橋上空に代表される首都高の問題です。首都高の撤去問題を景観問題と捉える人がいますが、そうではありません。もちろん景観上もよろしくないのですが、高架の首都高は心理的障壁なのです。私の街歩き案内では八重洲口から日本橋あたりまで歩くことがよくあります。するとお聞きするのが「東京駅から日本橋三越って近いんですね！」という言葉です。

地図で見ればわかりますが、東京駅八重洲口と日本橋三越は直線距離で1キロもありません。大人の足なら10分程度で行けるのです。しかし日本橋川の上に首都高があるために、そこを越えて歩けるという意識が生まれないのです。これは日本橋を挟んだ南北の商店主さんたちも常々感じていることだと思います。首都高が視界を遮ることで、回遊性が阻害されているのです。同様な悪影響は日本橋川全体に言えます。大手町と神田地域は橋を渡ればすぐなのに、なかなか一体感が生まれません。

そして現代で最も問題なのはヒートアイランド化です。ただでさえ熱源の多い都心部に、さらに高熱源の自動車を大量に走らせ、冷却効果のある川をなくし、風通しも悪くする。それによる膨大なエアコンの利用でさらに都心を高温化させ、無駄な電力を消費しています。東京を持続可能な都市として未来に繋げるためにも、一刻も早い首都高環状線の廃止と撤去が必要だと思います。

■「汽笛一声」の新橋駅と、現在の新橋駅

さて、だいぶ話が逸れました。コリドー街に出たあたり、JRのガードの場所が外堀山下門跡で、ガードには「**山下橋架道橋**」と書かれています。この門は第2章「2－2」で紹介した日比谷門から続く堀が、東京宝塚劇場あたりを経由して外堀と出合う「T」の字の角にありました。よくわかる古地図との比較地図がこの先の帝国ホテル脇にあります。

ここで向かい側の首都高と新幹線の高架の間を見てください。狭い隙間なので見逃さないようにご注意を。車が1台通れるくらいの細い道がまっすぐ続いています。しかもやや下り気味に。下った先は3メートルほど地表より下でしょうか。

私は、これは外堀の名残ではないかと考えています。隙間の左側は首都高、右側は新幹線の高架です。建設主体が違うため、同じ外堀を埋めて建てていても隙間ができてしまったのでしょう。ですからこの下ったところは、干上がった外堀の底ではないでしょうか。

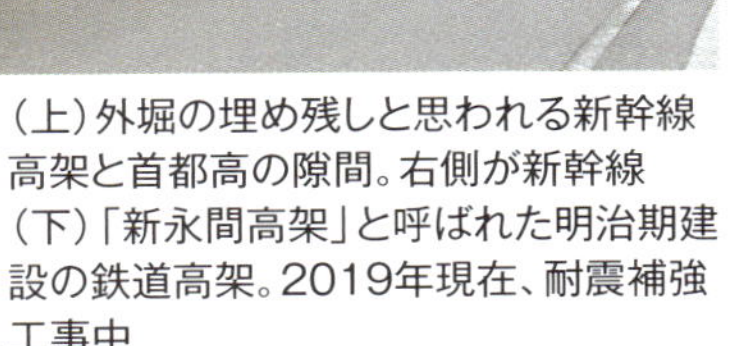

（上）外堀の埋め残しと思われる新幹線高架と首都高の隙間。右側が新幹線
（下）「新永間高架」と呼ばれた明治期建設の鉄道高架。2019年現在、耐震補強工事中

今は首都高下の飲食店などが使う荷物運搬路になっています。

またＪＲ高架下は「新橋方面近道」とご丁寧に表示され、通行できます。最近まで、前回東京五輪時にできた「インターナショナル　アーケード」という明らかに外国人観光客狙いの「いかにも」日本風な土産物店がありましたが、耐震工事などで再整備中です。

ガードをくぐり山手線内側に入りましょう。このあたりの高架は明治時代に造られた煉瓦高架をいまだに補強しながら使っています。このＪＲ在来線も江戸城のおかげで建設できました。

ご存知のように、日本最初の鉄道は新橋―横浜間に開通しました。鉄道唱歌「汽笛一声新橋を」で知られるその新橋駅は、現在の駅からはかなり遠く、今の汐留にありました。銀座の中央通り、江戸時代で言うと東海道のすぐ脇です。江戸時代の最大の国内幹線道路は東海道です。明治政府も東海道に鉄道を作ることをまず初めにやったわけです。

その後は銀座、京橋、日本橋と鉄道を延ばし、上野とつなげて東京を縦断する鉄道を敷設しようとしましたが、なかなか進みません。銀座、京橋、日本橋は江戸時代からの商家密集地のため、土地買収が困難で反対者もいます。経済的には、この商業中心地に鉄道を通すほうがいいに決まっています。しかし明治政府はそれを諦めます。

外堀跡に建つ細長いビル

そして江戸時代には大名屋敷が並び、維新後は大部分が政府の土地となっていた江戸城外堀の内側に路線を変更するのです。そのため当初の新橋駅は旅客駅としては放棄され、浜松町あたりから路線を西に迂回させて現在の新橋駅を作り、有楽町から東京駅へ鉄道を建設します。この結果、東京駅までの鉄道延伸は遅れ、最初の鉄道開業が1872年なのに、東京駅の開業は1914年と40年以上かかっています。

帝国ホテル裏から東京電力本社脇を進むと**新幸橋**（しんさいわいばし）交差点に出ます。関東大震災後、外堀に新しい橋が架けられたので「新」です。元の「幸橋」があったのは少し新橋寄り、第一ホテル東京の前あたりです。ここに江戸城外堀幸橋門がありました。

外堀は幸橋手前で90度曲がっており、橋は外堀をまたいで南北に架けられていました。城門の枡形があった場所は新幸橋ビル前の広場とJR沿いの道付近ですが、何も表示はありません。何か欲しいところです。第一ホテル東京などの建物は細長く、これは外堀の上に建っているためです。

第一ホテル手前、すなわち江戸時代は外堀の城内側堀端（ほりばた）だった場所を進んでいきます。まっすぐ行って日比谷通りを渡りたいところですが、横断歩道がないので西新橋交差点まで迂回します。その先、再開発工事中の場所も外堀の上。以前はここにあったビルの脇に、工事で出てきた外堀石垣の石が展示されていました。再開発後はどうなるのでしょう。また、出土した石垣は世田谷区の馬事公苑内にも再構成されて展示されていましたが、ここも五輪向けに再整備中です。

さらに先の愛宕下通りで外堀は鍵状に曲がっています。その上に建ったビルも壁が斜めになっていて面白い建築でした。でも再開発地域に入り、壊されました。2021年の完成後は広場や緑地となり、かつての外堀の形が失われた街区に変わってしまうようです。

向こう側に渡り、ビル1階の北側にあるカフェのテラス席に向かいます。この**大同生命ビル**も外堀の上に建っているのですが、嬉しいことに植え込み脇に土地の変遷が浮世絵などとともに解説してあります。浮世絵は歌川広重の「名所江戸百景」から霞が関と溜池の風景が紹介されています。付近の外堀は明治の終わりにはほぼ埋め立てられ、残った水路も昭和初期には消えています。

その先で、第1章の「1-2」で訪れた虎ノ門跡に出ます。ここで左右のビル街を見比べてみてください。右側は霞が関の官庁街で広い敷地に大きな建物が建っています。かたや狭い敷地にたくさんのビルがひしめいています。

これも江戸時代の土地利用形態が現在に引き継がれたものです。右側は外堀内で江戸城内。広い敷地の大大名（だいだいみょう）の屋敷が建ち並んでいました。左は外堀外で城外です。町人の家や旗本屋敷、中小大名の屋敷がありました。当時の敷地の広さが今に影響しているのです。今回の出発地、八重洲から幸橋までの外堀内側は千代田区で、外側は中央区でした。幸橋からここまで、ずっと外堀が千代田区と港区の境界です。思い出してみると街の様子がまったく違っていたはずです。

溜池櫓台の石垣。手前が堀で、この上に櫓が建っていた

桜田通りを左に曲がって虎ノ門交差点をはす向かいに渡ります。外堀通りが大きくカーブする左側を歩いていくと、商船三井ビルの植え込みに「**江戸城外堀跡　溜池櫓台**」との解説板があります。後ろの植え込みにも、わかりにくいですが「**史跡　江戸城外堀跡**」との石碑があります。江戸城は特別史跡でしたが、外堀

跡は国の史跡に指定されています。ただその範囲はかつての外堀すべてというわけではなく、ここと、この先歩く、比較的外堀がよく残った赤坂見附から飯田橋にかけてです。

植え込みの後ろに地面が凹んだスペースがありますので、見てください。なんと巨大な石垣の角があるではありませんか。これは「溜池櫓台」の跡です。「1－2」でご案内した通り、虎ノ門は小田原から続く重要な街道沿いの関門で、守りを厳重にしなければなりませんでした。その工夫として、門に続く道の片側を外堀としたのです。片側を堀とすれば、門前に集まる敵兵の数を制限できます。しかも、その敵を堀の内側から攻撃できます。さらにそこには徳川氏譜代の延岡（のべおか）藩内藤（ないとう）家の屋敷を置いて、押さえとしました。

外堀は西に続いていくため、どこかで曲げないといけません。曲げた角には敵の攻撃が集まるので、櫓を建てていたのです。しかしこの櫓は、江戸時代初期にはすでに失われていたようです。浮世絵などにその姿がありません。櫓台跡の後ろ、商船三井ビル下には掘り下げたような空間があります。ここも外堀の名残ではないかと私は疑っています。商船三井ビルは、ほぼ外堀の上です。

外堀通りを歩いていった先の特許庁手前には、溜池のダムがありました。石垣造りで、溢（あふ）れた水が滝のようにどうどうと流れ落ちており、江戸の人はその音から、この場所を

「溜池のどんどん」と呼んでいました。

溜池は家康が江戸に入って間もなく飲料水源として造られたようですが、浮世絵に描かれたように堅固（けんご）になったのは１６０６年で、工事は広島藩浅野家（当時は和歌山が領地）が担当しました。同時に外堀の役割も兼ね、広いところでは２００メートルほどもあり、赤坂見附まで続く長細い堀でした。

飲料水用でしたから水は綺麗で、３代将軍家光はここで泳いだ、とも言われます。その後は江戸の景勝地として物見遊山（ものみゆさん）でも賑わい、茶屋などもできたようです。しかし平和な世が続いたためか、土砂の流入が続いて池は少しずつ小さくなり、江戸時代中期にすでに埋め立ても始まっていました。本格的に埋め立てられたのは明治に入ってからで、末年には姿を消してしまいます。商船三井ビルの裏、虎の門病院との間の通りは葵坂（あおいざか）と言い、かつての堀端ですが、特許庁の方を見ると土地が盛り上がっているのがわかります。

外堀通りを進んで首都高が通る六本木通りまで行ったところが溜池交差点です。交差点内の歩行者用スペースに「**溜池発祥の碑**」があり、ここまでご紹介した内容などが書かれています。

この先、平らな外堀通りはほぼ溜池を埋めた跡です。右側の小山の上には日吉（ひえ）神社があ

山王権現の巨大な鳥居。屋根のようなものが載った形が特有だ

りますが、ここは江戸時代には山王権現と言い、神田明神と並ぶ江戸の2大鎮守でした。山王権現は、元々は比叡山の神ですが、太田道灌が江戸城を築くにあたり、川越にあった山王権現を城内に勧請（分けて祀る）しました。川越には今も日吉神社があり、社殿は重要文化財です。

家康はその社を城内紅葉山に移し鎮守としましたが、秀忠の代に江戸城拡張工事のため城外に出され、今の隼町、最高裁判所のあたりに移転します。その後、明暦の大火で焼けたのを機に現在地に移されました。

この場所は江戸城から見て裏鬼門（鬼門と反対の南西）であり、しかも星が岡という高台の要地です。いざという際には江戸城を守る砦としての役割が期待されたのでしょう。空襲で古い社殿は焼けていますが、参道の石段などを上ると、その要害ぶりがわかります。

山王権現を下れば東京メトロ赤坂駅は目前です。

寄り道コラム5

江戸を作った大自然改造――川の流れを変える

江戸城の構築は、周辺や関東一円に及ぶ自然改造と一体のものでした。

江戸城周辺については、隅田川や旧石神井川、平川下流の池や沼の埋め立て、平川の流路変更と神田川の開削、日比谷入江の埋め立てなどについてお話ししてきましたが、まだまだあります。

まず神田川の柳原土手です。これは外堀の土塁であると同時に、隅田川の洪水から江戸中心部を守る防壁でもありました。すると今度は、その北側が洪水にさらされます。そこで築かれたと思われるのが、吉原への通い道で有名な山谷堀と日本堤です。対岸の隅田堤とともに隅田川の洪水を受け止め、上流を洪水にする代わりに下流域を守りました。本所・深川地区に掘られた縦横無尽な掘割も、洪水時には調整池の役割を期待されました。

そして最も巨大な自然改造が利根川東遷事業です。利根川は、中世には江戸湾に注いでいましたが、この流れを太平洋に変える大事業です。

まず江戸以前の関東の川の流れを確認します。隅田川は入間川の下流でしたが、古隅田川が河口近くで合わさるなど、流れは時代によって変化していました。荒川は入間川とは繋がっておらず、現在埼玉県を流れる元荒川が本流で、大宮台地の東側を流れていました。そして現在の越谷市あたりで利根川と合流していました。

利根川は現在の埼玉県東部を流れる古利根川が本流で、渡良瀬川と並行し、合流したり分流したりして、中川、太日川（江戸川の原型）として江戸湾に流れ込んでいたようです。そして現在の利根川下流域には、常陸川という川があり、鬼怒川が合流していました。

これらの流れを変える工事は、まずは新田開発が目的でした。関東は未開発な平地が多く、家康も開発による増収を見込んで関東移封を受けたわけですから早速実施します。乱流となっている川の流れを整理し、水量を減らして洪水域を水田に変えていきます。

まず1594年に利根川の分流の一つ、会の川を埼玉県北部で締め切って流域の新田開発を図ります。また1600年ごろに荒川と綾瀬川を分離し、綾瀬川の水量を減らして流域の新田開発を進めます。

さらに1629年、荒川が埼玉県の熊谷付近で入間川に付け替えられ、大宮台地の西側を流れる今のルートに変えられます。また利根川の流れを渡良瀬川に流す工事も行なわれます。これで現在の埼玉県東部の洪水を減らし、新田化を図りますが、現在の荒川流域の洪水が増えるのは明らかでした。

そしてこのころから、利根川と常陸川を繋いで水運に役立てようという狙いが出てきます。常陸川は銚子が河口です。東北地方から太平洋を航行してきた船を、銚子から遡らせて利根川に入れ、さらに今度は江戸川を下らせて江戸に行こうというルートです。房総半島沖は海流がぶつかる海の難所です。ここを避けられれば東北地方の物産、特に米が大量に江戸に運べます。江戸の人口を支えるには非常に重要な事業です。また、大きな川を関東平野の東西に繋げることで北からの軍勢を阻めるという見方もありました。

最初の工事は１６２１年に試みられましたが失敗しました。さらに失敗を重ねたのち、１６５４年にようやく利根川から常陸川に水が流れるようになります。その後、拡幅工事や、関宿付近で江戸川と利根川を繋ぐ工事が行なわれて、銚子－関宿－江戸というルートが完成します。こうして玉川上水の水とともに東北、主に仙台藩の米がどんどん江戸に入って１００万都市が成り立つ基礎ができるのです。

また東北と江戸が繋がることで日本一周の航路が安定し、全国の物流に大きく役立ちます。日本全土が経済的に一つの市場となり、明治維新後の飛躍的な発展の素地を作ったのです。

こうして江戸時代後期には水運利用が主眼となり、新たに利根川下流となった茨城県などの洪水被害は、あまり顧（かえり）みられませんでした。しかし利根川の本流が完全に銚子側に移ったのは明治末から大正のことです。

１９４７年のカスリーン台風では、江戸時代に開削された部分の堤防が決壊し、東京の東半分が水没しました。この危険は現代でも解消されたわけではありません。それは、もともと利根川が東京湾に注いでいたのを無理やり変えたからなのです。

第4章

自然を改造した土木工事の跡

外堀踏破の後半です。江戸城構築の中でも最大の土木工事が行なわれた外堀の核心部分をまず歩き、東京の都心の安全を確保した大運河、神田川へと移ります。現代の交通網や都市の構造にも、外堀は大きく関わっています。

4-1

赤坂見附から飯田橋　４・７キロ

――巨大土木工事、外堀跡を辿る

■そびえる赤坂門の石垣

現在も外堀がよく残り、全体が国指定の史跡になっている核心部分を歩きます。

東京メトロ永田町（ながたちょう）駅の８番出口を出ると、赤坂エクセルホテル東急脇の坂に出ます。赤坂見附駅から行かれる場合は、Ａ出口から青山通りの坂を上（のぼ）ってください。目の前の大きな車道が青山通り（国道２４６号）で、江戸時代は主要街道の大山道（おおやまみち）でした。坂を上っていくと、歩道脇の石垣の上は衆議院議長公邸です。江戸時代には松江（まつえ）藩松平家の上屋敷がありました。坂の途中にある歩道橋を渡るのですが、その前に石垣を公邸の門近くまで辿ってみてください。

石垣の石がだんだん現代のものから古いものに変わっていきます。そして門近くになると、不揃いの石がぴったりと隙間なく組み合わされた、江戸時代の切込み接ぎの石垣となります。一番手前に「**東京女学館発祥の地**」のプレートがあります。松平家の屋敷は明治になって閑院宮邸になりますが、その一部を借りて、1888年に開校しました。

さて、歩道橋で青山通りを渡りましょう。上まで行くと向こう側、首都高が地下から出てくる谷の右側に、巨大な石垣の壁がそびえているのが見えます。この大きな石垣は江戸城外堀**赤坂門**脇の石垣で、赤坂門西側に食い込んでくる**弁慶堀**に立ちはだかっていたものです。門は石垣の手前側、つまり青山通りの真ん中にありました。

歩道橋を下ると、左側に隙間なく積まれた見事な石組みがあります。ここが門入口の左側部分の石垣で、枡形の高麗門の袖にあたる部分です。枡形内を右折し、青山通りの中央分離帯あたりにあった櫓門から城内へ入りました。

石垣のすぐ後ろには、かつての枡形石垣が3分の1ぐらい残っており、歩道から見て凹んだ枡形のスペースが小公園状になっています。内側には「**赤坂見附跡**」の標柱と、明治初期の写真、平面図や解説があります。

ほぼ上りきった左の道は諏訪坂で、江戸時代からある坂です。そちらを向くとまたメトロの出入口があり、背後には東京ガーデンテラス紀尾井町の巨大なビルがそびえています。この一帯はかつての紀州徳川家中屋敷で、ここからずっと先の文藝春秋ビルや紀尾井町パークビル、清水谷公園まで含む広大な屋敷でした。明治時代に少し狭くなって北白

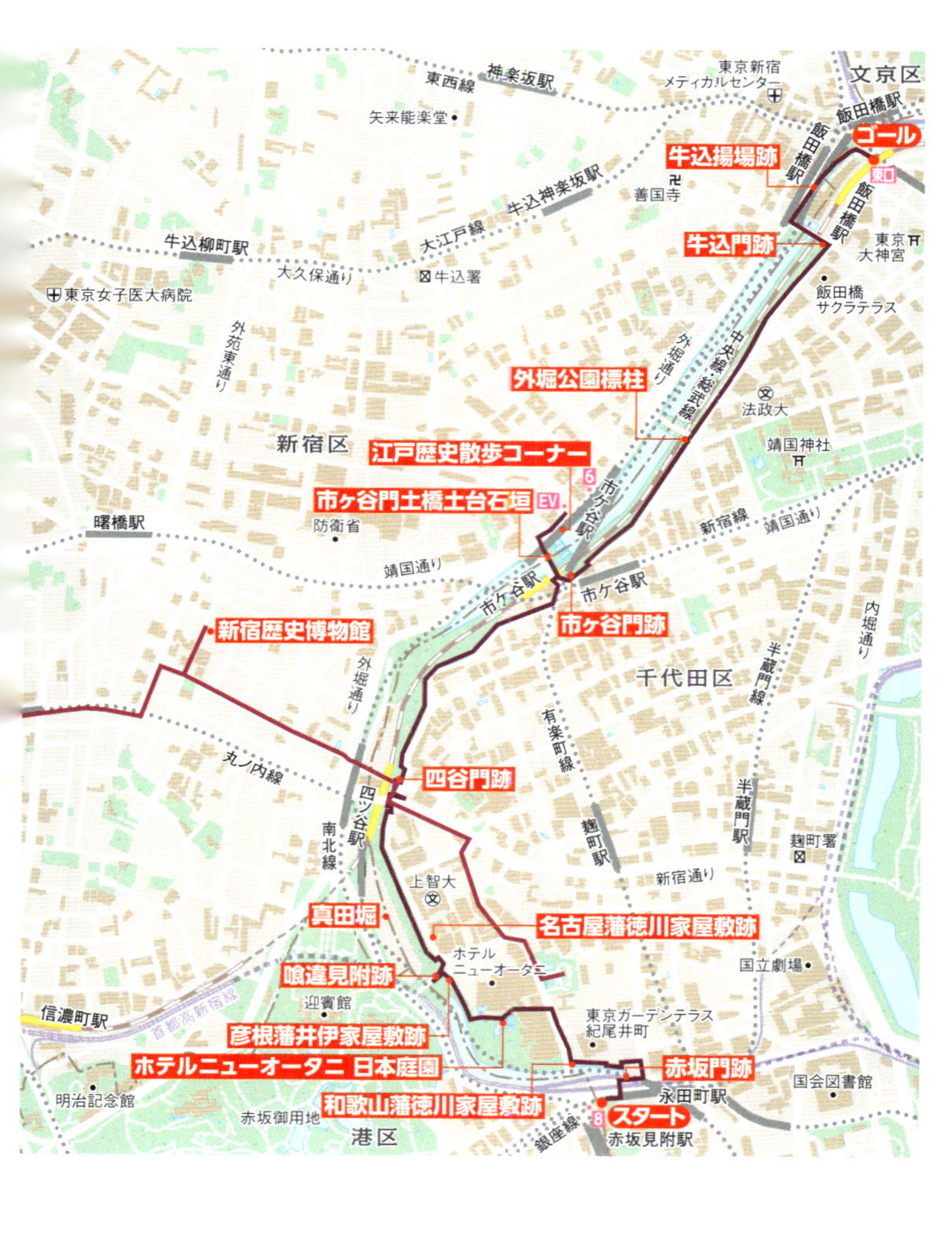

神楽坂駅
東西線
矢来能楽堂
東京新宿メディカルセンター
文京区
飯田橋駅
ゴール
牛込揚場跡
東口
善国寺
牛込神楽坂駅
大江戸線
牛込柳町駅
大久保通り
牛込署
牛込門跡
東京大神宮
飯田橋サクラテラス
東京女子医大病院
外苑東通り
外堀通り
中央線・総武線
外堀公園標柱
法政大
靖国神社
新宿区
江戸歴史散歩コーナー
市ヶ谷門土橋土台石垣
EV
防衛省
曙橋駅
靖国通り
新宿線
市ヶ谷駅
市ヶ谷門跡
新宿歴史博物館
千代田区
内堀通り
半蔵門線
有楽町線
丸ノ内線
四谷門跡
四ツ谷駅
南北線
麹町駅
麹町署
新宿通り
上智大
真田堀
名古屋藩徳川家屋敷跡
ホテルニューオータニ
喰違見附跡
国立劇場
信濃町駅
首都高新宿線
迎賓館
東京ガーデンテラス紀尾井町
彦根藩井伊家屋敷跡
ホテルニューオータニ 日本庭園
赤坂門跡
国会図書館
明治記念館
和歌山藩徳川家屋敷跡
永田町駅
赤坂御用地
スタート
港区
銀座線
赤坂見附駅

（上）弁慶堀の上は空も開けている　（下）弁慶堀を遮る赤坂門の石垣は外堀随一の高さ

高石垣の目前に迫るデッキと解説板

川宮邸になり、のち李王家邸となります。李王家の邸宅が残り、現在は「赤坂プリンス クラシックハウス」となっています。なかなか見事な建築なのでご一見を。

メトロ出入口の後ろは広場になっています。先ほどの赤坂門跡石垣の裏側になります。縁の部分にも登れますので行ってみましょう。眼下の弁慶堀を見下ろす景色はなかなかの絶景です。手前から出てくる首都高速が彼方まで続き、その横に弁慶堀が横たわっています。

ガーデンテラス紀尾井町に入っていくと弁慶堀沿いに降りる出入口があります。階段を下りましょう。先ほどの高石垣の目前にテラスが作られ、解説板もあります。城の高石垣をほぼ真正面から間近で眺められる場所は、そうありません。お城ファンには非常に嬉しい仕掛けです。石垣工事を担当した福岡藩黒田家の刻印などもよく見えます。

このあたりで赤坂門のある場所の地形をよく見回してください。西から弁慶堀が門に向かってまっすぐに食い込んできており、青山通りの反対側も、門の位置が随分と城側に入り込んでいるのがわかります。このように門が城の内側に入り込んでいるのは、本来防備上よろしくないことです。門はもっと外側になければいけません。

どうしてこうなったのか。理想的な場所は、現在の赤坂見附交差点あたりでしょう。実は、この一帯は谷が土砂で埋まった軟弱地盤でした。ここに石垣などを持つ門を造って地盤沈下させないようにするのは、当時の技術では大変困難でした。無理に行なえば大変な労力と時間、費用がかかります。工事を受け持った専門家は、城の内側がいいと提案しました。

しかしここで徳川家の筆頭家臣、井伊直孝（いいなおたか）は「原則通りもっと外に造るべきだ」と主張しました。結局、井伊の意見は通りませんでしたが、赤坂門の工事直前、当時の将軍家光が直々（じきじき）に井伊邸を訪れ、日頃の功をねぎらい馬まで与えます。「意見聞けなくてゴメンね」というところでしょうか。将軍と家臣の関係がわかって面白いです。

■水上からも楽しむ

ウッドデッキの散策路が続いているのでそちらへ歩き、建物の階段も下りて正面の入口に出ます。左側へ行くと弁慶堀にかかる弁慶橋。袂には「**和歌山藩徳川家屋敷跡**」の石柱と解説板があります。弁慶橋は明治の架橋ですが、木橋風にして風情（ふぜい）を保っています。

ニューオータニ庭園の珪化木

道路を挟んだ反対側は「弁慶フィッシングクラブ」というお堀の中のボート場で、ここは釣り客がメインです。第2章「2－2」で触れた千鳥ヶ淵にボート場がありましたが、江戸城外堀では飯田橋にもレストランを併設したボート場があります。江戸城は意外と堀の水の上を楽しめるお城なのです。

弁慶橋に背を向けて、北へ続く清水谷を歩いていきます。1878年、大久保利通が暗殺されたのは少し先の横断歩道があるあたりでしょうか。その先の清水谷公園には巨大な慰霊碑があります。

ガーデンテラスと谷を挟んで反対側の、ホテルニューオータニ東京へ渡りましょう。ここは、彦根藩井伊家の中屋敷だった場所です。やはり明治になって伏見宮邸となります。エレベーターに中に入り、1階（と言っても上に行くのですが）、バンケット階で降ります。「B」の印があります。そこから案内を辿ると庭園に出られます。

この庭園の池は底がコンクリートになったりして、江戸時代からだいぶ改造されていますが、位置はそう変わっていないようです。池の中にある珪化木は井伊家の前、加藤清正の屋敷だった時代からあったという珍しい木の化石です。ホテルでは庭園ガイドのパンフレットをもらえます。余裕があれば庭園に出る前に、もう一つ上の階のガーデンラウンジから眺めてみてください。まさに大名気分です。

庭園を通り抜け、ガーデンプール方面に進んで、その先の正面の車寄せ方面に出てください。左端の遊歩道を歩いていくと脇に「**近江彦根藩井伊家屋敷跡**」の石柱と解説板があ

(上)深い森と高層ビルの対比が面白い喰違見附側の弁慶堀　(下)真田堀は野球場、ラグビー場がすっぽり入ってしまう

ります。そのまま進むとホテル敷地から左に出る道があり、その先が江戸城外堀の出入口で唯一城門のない**喰違見附**となります。ここで城外へ向かって左側を見てみましょう。眼下の弁慶堀の水面までは20メートルはあろうかという急斜面です。

弁慶堀と溜池は、喰違見附正面に見える東宮御所や迎賓館の敷地、すなわちかつての紀州徳川家上屋敷内から流れてきた川をせき止めて造られました。その川は赤坂見附あたりを流れており、喰違見附側は台地を掘り込んで深くしています。右側は**真田堀**で、こちらも堀底まで10メートルはあろうかという斜面です。

両側とも大変な斜面ですから、守りは固いと思いますが、とはいえなぜここだけ城門がないのでしょうか？　正面に広大な紀州家の屋敷があったからとか、古くからの甲州方面の街道跡で人々の通行を妨げないためとか、諸説ありますが、はっきりした理由はわかりません。

城門はなかったものの城内側には高い土塁が築かれ、しかも鍵状に屈曲していたため中は見通せず、木戸もありました。歩道上に喰違見附跡の解説板があり、江戸時代の絵図も描かれています。今は車が通るので屈曲はやや緩やかになっていますが、それでも見通しがききません。横断の際はご注意ください。

渡ったら土塁の上に登りましょう。喰違見附の土橋側、城内の土塁側、どちらにも階段があります。この部分はかつての外堀土塁の高さをよく保っています。5メートルはあるでしょうか。堀の内側は、今はほぼ上智大学の四谷キャンパスですが、紀尾井ホール隣のビル前に「**尾張名古屋藩屋敷跡**」の碑があります。先ほどのガーデンテラスは紀州家、ここは尾張家、ニューオータニは井伊家。それぞれの頭文字をとって、江戸時代にニューオータニ前の坂が「**紀尾井坂**」と名付けられました。そこから紀尾井町という地名も生まれました。

真田堀は現在、上智大学のグラウンドとして使われています。でも、実は都有地です。敗戦直後、戦災瓦礫の処理に困った都が、この堀に瓦礫を埋める作業を請け負ってもらう代わりに上智大学に永久貸与したのです。今は10年契約での更新で、土日には近隣区民が抽選で利用できます。戦時中までは泳ぐこともできたほど綺麗な水だったといいます。この先の四谷門で、玉川上水の余り水を流していたためです。

■大量の土砂を、どう処理したのか

先ほども見たように、堀は10メートルほども掘り込まれており、幅は１００メートル以上あります。この部分は江戸城構築工事でも最終盤の１６３６年、もともとあった平らな台地を掘って造られた人工の谷です。おそるべき大規模工事です。

この工事のあった年には弁慶堀から飯田橋までの堀が掘られ、溜池とすでに完成していた神田川が堀で繋げられて外堀が出来上がります。真田堀の工事は伊達家や酒井家、榊原家が担当しました。

ものすごい規模で掘りますので工事では大量の土砂が出ます。どう処理したのでしょう？　初期の江戸城工事では日比谷入江などの埋め立てに使ったようですが、このあたりの外堀工事の土砂は、水面の埋め立てではありません。周辺の土地の凸凹を均し、平らな土地を造成するのに使ったようです。

ＪＲ四ツ谷駅前（地名は「四谷」で駅名は「四ツ谷」）では２０１６年から大規模な再開発工事が進んでいますが、工事に先立って発掘調査をした際、谷を埋めた江戸時代初期の盛土層などが見つかりました。つまり、デコボコした自然の地形を平坦にした跡です。都心部には不自然に平坦な土地がいくつもあります。その多くは江戸期にこのように造成されたものなのです。そのおかげで、現代の産業や都市建設も大いにやりやすくなっています。

外堀土塁（右）の下、堀底にあるJR四ツ谷駅は甲州街道の下を通る

外堀の土塁にはソメイヨシノが植えられ、花見の名所になっています。また、松も目立ちます。これは江戸時代に塀（へい）を作る代わりに松を植えた子孫です。樹齢数百年はあろうかという大木の松もあります。

土塁上は遊歩道になっているので、端から端まで歩いてみましょう。迎賓館の屋根などが見えます。最後は現在の甲州街道、国道20号線に架かる四谷見附橋で土橋が切られています。四ツ谷駅方面の階段を下りて甲州街道から振り返ってください。土塁の断面がわかります。その大きさに驚くことでしょう。

甲州街道の四谷見附橋は明治以降にできたもので、江戸時代にはありませんでした。橋の下にはJR四ツ谷駅があり、中央線・総武線が走っています。つまり駅と線路は外堀の底にあるのです。これには理由があります。

明治維新後に鉄道建設ラッシュが起きますが、東京での問題は用地の確保でした。第3章「3－2」でもお話ししたように、江戸時代からの大都会で家屋が密集し、都心部のルート決定が困難を極めたのです。

中央線の前身にあたる甲武(こうぶ)鉄道会社は、免許交付から1年ほどで新宿－立川(たちかわ)間を開通させました。しかし都心部への延伸がなかなか進みません。そこへ駐屯地に鉄道を近づけたい軍の思惑も絡(から)み、国有地である外堀の脇に路線を引く案が浮上して、四ツ谷から御茶ノ水まで、外堀内を走る鉄道路線ができました。

江戸時代の街道を踏襲するなら、新宿からは甲州街道沿いに都心に入るのが常道です。しかし外堀を使えば多少遠回りしても用地買収費がいらないのはもちろん、造成費もほとんどかかりません。堀の水面脇ですから平坦なのです。こんなうまい話はありません。駅は城門があった場所に設ければ、駅までの道もすでに整備されており、主要街道との接続は簡単です。駅舎周辺の広場なども城門跡を活用すれば便利です。

甲州街道を横切ってJR四ツ谷駅の麹町(こうじまち)口に渡りましょう。駅前の小さなロータリー内には公衆トイレがありますが、その脇にひっそりと「**国史跡江戸城外堀跡**」の解説版が立っています。地面を見ると、解説板側とトイレ側の舗装が微妙に違うのがわかります。これは、ここにあった江戸城四谷門枡形の石垣の場所を示しているのです。四ツ谷駅前のロータリーはかつての城門跡を活用しています。

今に残る外堀の斜面

ロータリーの向こうには大きな石垣が見えます。かつての四谷門の一部で、高麗門の袖の部分です。今はその上に大きなムクノキが育っています。そこに通じる橋が江戸時代の四谷見附を通るルートです。わざと甲州街道の筋と橋の筋をずらしています。甲州街道の道筋は現在の国道20号で変わっていませんので、江戸時代に新宿方向から江戸に向かうときは、左、右、右、左と4回も屈曲しないと城内に入れませんでした。

よく見ると、四ツ谷駅周辺には破壊された城門の巨大な石がゴロゴロと散乱しています。そして四谷見附橋と駅舎の隙間を上から覗き込んでみましょう。下の方に城門の基礎石垣が少しだけ見えます。これは壊さずにこの下に保存してあるそうです。時間があればJR四ツ谷駅に入ってホームから上の方を眺めてみてください。その深さに驚きます。繰り返しますが、江戸時代に人力で掘ったのです。

四谷門石垣上には樹齢200年以上はあろうかというムクノキが立つ

江戸時代の雰囲気をよく残す四ツ谷駅近くの外堀土塁

また東京メトロ丸ノ内線の四ツ谷駅ホームには、**「国指定史跡　江戸城外堀跡」**の解説板が掲げられています。幕末期の写真も載っています。江戸時代の四谷見附橋上にも解説板があり、こちらの写真には玉川上水の巨大な木製水道管も写っています。四谷門は玉川上水が江戸城内に入る重要ルートでした。

ムクノキが生えていた四谷門石垣の先に回り込んでいくと、階段になってまた土塁上を歩けます。ここからしばらくの左下斜面は、一部JR線で壊されているものの、江戸期の外堀斜面がよく残っています。先ほどもお話しした江戸時代にルーツを持つ松林で、斜面も土塁のままです。

ＪＲ線の向こうにスポーツクラブやグラウンドがありますが、このあたりもすべて、かつては外堀の水面でした。土塁上の児童公園となっている場所などを抜けて右に降りて進み、大通りを左に行くと市ケ谷駅です。

駅前の交差点は不自然な形で広くなっています。ここに市ヶ谷門（駅名は大きい「ケ」、門は小さい「ヶ」です）がありました。石垣は完全に撤去されてしまいましたが、特別大きく立派だった「**烏帽子石**（えぼしいし）」という石が、日比谷公園の交番裏に置いてあります。高さは2メートルほど、幅は4メートルはありましょうか。巨大です。日比谷公園には、牛込門から持ってきたとも言われる亀石も心字池のほとりにあります。これも巨大です。

市ヶ谷門に登る土橋。JRの線路近くまで石垣が残っている

駅前交番側に渡り、靖国通りを下っていきます。右側に釣り堀が見えますが、下りきったところから釣り堀側に入りましょう。すると、今まで歩いてきた道の下に石垣があるのがわかります。市ヶ谷門に登るこの道は江戸時代に築かれた**市ヶ谷御門橋台**（きょうだい）という土橋で、線路近くまで石垣が残っています。ただ、雑草が生い茂って見えない時期も多いのが残念です。手を触れてみることができますので、大きさを実感してください。工事担当大名の刻印も、ところどころにあります。

また地下の東京メトロ駅構内には面白いものがあります。橋台石垣の袂から外堀通りを挟んだ反対にある入口を入ってください。保健会館の建物が目印です。南北線市ケ谷駅改札内に入ると、「**江戸歴史散歩コーナー**」という一角があり、雉子橋門付近で発掘された巨大な石垣の再構成や、外堀工事の様子、石垣石の切り出し風景、発掘記録など様々な展示があります。南北線は外堀に沿って建設工事が行なわれ、その際の発掘調査で江戸城外堀について多くの知見が得られました。その成果などを展示しているのです。

駅前交差点に戻り、今度は交番裏の公園に行きましょう。公衆トイレ手前に土橋下で発掘された石垣が置いてあります。公園を抜けて行くと、ふたたび外堀土塁上の「**外堀公園**」です。このあたりからは堂々たる外堀が今も水を湛（たた）えているのが見下ろせます。

広大な市ヶ谷堀。春には堀の両側に桜が咲き誇る

春には土塁上と堀の向こう側、両方に桜が咲き、大変美しいです。江戸時代にも桜が植えられていたようで、市ヶ谷門は別称を「桜の門」と言いました。

飯田橋駅までの途中、新見附橋の袂には「東京市」設置の、「外濠（そとぼり）公園」との標柱も残ります。右から左へ横に書く右書きです。この新見附橋は明治以降に築かれた土橋で、江戸時代にはありませんでした。このあたりの外堀は、四谷周辺とは違い、もともとあった小さな川を掘り広げて造っています。

やがて飯田橋駅近く、早稲田通りが走る牛込（うしごめ）橋の袂には、**江戸城牛込門の櫓台石垣**の半分が残ります。中央線・総武線をまたぐ牛込橋の四ツ谷駅側で振り返ってください。線路ぎわから立ち上がる石垣の高さに驚きます。また橋を渡った土橋の下には、市ケ谷駅と同様、江戸期の法面（のりめん）石垣が残っていますが、左右とも建物などの陰になっており非常に見にくいのが残念です。

この土橋は外堀に水を蓄（たくわ）える役目を果たしており、かつてはもっと門側に延びていました。しかし中央線・総武線を通すために壊されてしまいます。門に一番近い場所には切れ込みがあり、上流の堀からの余り水が滝のように流れ、木の橋が架かっていました。言うまでもなく、敵が攻めてきたら橋を落として通れなくします。

牛込橋上の交差点もやたら広いのですが、ここでも地表の舗装を変えて、牛込門枡形の石垣があった場所を示しています。交差点がすっぽり入っています。また交差点角の交番脇には、「阿波守」と彫られた巨石が置かれています。１９０２年に石垣の一部を破壊した際に出てきたものです。ただし

草刈り直後で美しい牛込門櫓台石垣

横倒しになっていますので、首を傾(かし)げて見てください。

門の工事は徳島藩蜂須賀家が担当しましたから、自分の仕事だと彫り込んでおいたのでしょう。工事では若い藩主蜂須賀忠英(ただてる)自身が連日出張って監督したそうです。このような工事は大名にとっては大変な負担ですが、合戦のない世では軍役と同様の功績になり、各藩は工期の短縮や美しい工事を競い合いました。

石垣の石を運び込む準備工事などは別にして、石垣の構築自体は40日ほどで終わりまし

(上)「阿波守」などと書かれた牛込門の石垣石　(中)飯田堀上にあるビル駐車場のアプローチ。石垣を再利用している　(下)「牛込揚場」の碑

た。工事中に将軍家光の視察などもあり、忠英が「上様（うえさま）にお目見えし、ご苦労と声をかけられた」などと国許（くにもと）に書き送った記録が残っています。

牛込橋下では、飯田橋駅ホームの移動工事が２０２０年完成予定で進められています。これが完成すると、飯田橋駅総武線ホームの真正面に先ほどの牛込門石垣が見えるはずで、楽しみです。

牛込橋上の交差点から、日本歯科大学側に行きましょう。隣の高層マンション、プラウドタワー千代田富士見前の広場に面白いものがあります。真ん中のクスノキを中心に、同心円上に江戸時代から現代までの出来事が地面に刻んであるのです。この敷地に代々住んでいた大名、米倉（よねくら）家の歴代当主の名前とか、江戸の大火とか、浮世絵とか……。様々あって見飽きません。こういう開発は評価できます。さらに、奥にも牛込門を「楓門（かえで）」と呼んだ由来などの解説板があります。

牛込橋下の**飯田堀**は、１９７０年代に反対運動がありながら、都が埋めてビルを建ててしまいました。牛込橋を下って右に曲がった構内路脇には、江戸期の石垣が再利用されており、飯田堀の解説板があります（ちょっとくたびれていますが）。さらにビル脇には、近隣住民の要望で外堀を思わせる流れが作られています。また一角に「**牛込揚場（あげば）**」とのレリーフがあります。江戸時代はこの牛込橋の下まで海から舟が入ることができ、物資を陸揚げしていました。地名は今も「神楽河岸」です。

JRもしくは東京メトロ、都営地下鉄の飯田橋駅でお帰りください。午後も歩く1日コースであれば、ここでランチタイムです。

4 玉川上水——100万都市を可能にした巨大インフラ

※地図は150ページ

江戸はよく、世界最大規模の100万都市だったと言います。しかしいくら城の規模を大きくし、武家屋敷や町人地を増やしても、その生活を支えるインフラなくしては、そのような人口を維持することはできません。江戸では、100万人が暮らせるだけの飲み水を提供できたことが、100万都市実現のカギでした。大きな意味での江戸城構築工事の一環である玉川上水の遺跡を巡ります。

新宿御苑散策路脇に整備された玉川上水を偲ばせるせせらぎ

東京メトロ丸ノ内線新宿御苑（ぎょえん）前駅の1番出口で出て、新宿御苑沿いの道へ向かいます。御苑内には入らず、御苑沿いに歩ける散策路の入り口が正面にありますので、入りましょう。すると車道側に小さなせせらぎがあります。

玉川上水は多摩（たま）川の**羽村取水堰（はむらしゅすいせき）**から**四谷大木戸（よつやおおきど）**までの43キロ、延々と水を流したものです。この間は開渠（かいきょ）、つまり蓋（ふた）などのない水路でした。高低差はわずか90メートルほどで、少しでもルートを間違えば水は流れません。台地の尾根を慎重に選んで掘り進みました。

江戸には神田上水もあります。これは1590年ごろから建設が進み、江戸時代の初めごろには一応の完成を見たようです。しかし神田川を水源とする神田上水の給水範囲は神田、日本橋、京橋など江戸市中の一部に限られていました。

そこで水量が桁外れに多い多摩川から水を引くことが計画され、一時失敗もあったものの1653年に四谷大木戸までが完成しました。外堀の水も、あらかじめ玉川上水の水を使うことを目論（もくろ）んでいた節もあります。

水路は新宿御苑の場所にあった高遠（たかとお）藩内藤家の下屋敷脇を流れていましたが、戦前に埋められてしまいました。そこで近年**「玉川上水・内藤新宿分水散歩道」**として作られたのがこのせせらぎです。本当はもっと幅が広く、深く、水量も大量でした。何しろ太宰治が入水自殺するほどだったのですから。

　この散策路を左に歩いていくと、新宿御苑の大木戸門に出ます。料金所から中に入らなければこの区間は無料です。門を出ると右手に新宿区四谷区民センターの銀色の建物があります。その敷地に入り、右手のトイレ裏、駐輪場に入っていきます。すると小さな池があり、奥の金網に玉川上水の解説板が立っています。完成が１６５４年と書かれていますが、これは大木戸から先、地下の水道を造って実際に給水を開始した年です。金網の中には、暗渠になった玉川上水のバルブ設備があります。玉川上水の廃止は１９０１年、明治も後半まで東京市民の命の水でした。今歩いてきた駐輪場などの場所を玉川上水は通っていました。

　先に進むと広場のようになり、いくつかのモニュメントがあります。甲州街道に面して立つ巨大な石碑が「**水道碑記**」です。明治になって玉川上水工事の偉大さを讃えようと建てられました。高さは６・４メートルもあります。その裏にある「四谷大木戸」と書かれた小ぶりな石碑は、江戸へ入る関門である大木戸が近くにあったことを示す碑ですが、玉川上水の石造水道管を利用して作られています。

(上)渋谷川の水路。その源流部分は玉川上水の余り水だった。現在、水は流れていない
(右)甲州街道に面して立つ水道碑記

また水道碑記脇の解説板には「玉川上水水番所跡」とありますが、四谷区民センターがその跡地です。今でもビル内に東京都水道局の事務所があります。水番所は水のゴミを除いたり、水量を調節して余り水を渋谷川(しぶやがわ)方面に流すのが仕事でした。

目の前の四谷四丁目交差点を、御苑トンネル入り口を横切って渡り、右の行き止まりに見える道に進んでください。車道が行き止まりになるフェンスの向こうに、新宿御苑に続く歩行者専用道があります。この道のすぐ左側を見ると、かつて玉川上水からの余り水を流した**渋谷川**の水路が残っています。大きいです。今は水は流れていませんが、玉川上水もこのくらいの規模を想像していただければよいと思います。

また交差点に戻って、今度はコンビニのあるビルの方に渡ってください。すぐ先右手のお蕎麦（そば）屋さんの店先に、かつての四谷大木戸を描いた江戸時代の絵が掲げてあります。大木戸はまさに店の前あたりにありました。

玉川上水はここから地下の水道管を通っていきました。大きな木の水道管が主だっ

（上）新宿歴史博物館に展示されている石樋という江戸の石造水道設備　（下）石桝。清水谷公園に置かれた玉川上水の石造配水設備

たようで、大きいものでは内径が1メートルもありました。大事な部分や耐久性、堅牢(けんろう)さが求められる場所では、石管が使われたようです。上水が埋められていた甲州街道を歩きます。四谷三丁目を過ぎ、津之守坂(つのかみざか)入口で左折し、次の信号の三栄町(さんえいちょう)交差点で右。次の路地を左に行き、石畳の道を下ると**新宿歴史博物館**が右にあります。

ここには発掘された各種水道管や、水を分岐する継手(つぎて)、石の水道管である石樋(いしひ)などが展示されています。また新宿御苑付近の玉川上水の復元模型や、上水の流路を描いた資料などもあります。

三栄町交差点から入った通りは三栄通りと言い、江戸時代から甲州街道の裏道でした。ここへ戻って四ツ谷駅方面に進みます。外堀通りに出た先に、玉川上水が江戸城内に入る掛樋(かけひ)（水道管）が通った土橋跡が残ります。

この先は水道網が、文字通り網の目のように広がっていきました。水道は末端では竹の管を使って、各戸や長屋内の庭に設けられた井戸のような木枠の底に引き込まれました。江戸っ子はこの上水の水を飲み、産湯(うぶゆ)を使ったことを自慢したものです。

時代劇などで、長屋のおかみさんたちが井戸端会議をしている場面などをよく見かけますが、舞台が江戸であれば、それは井戸ではありません。水道なのです。川から水を引いていますので、たまに鮎が獲れたりしました。そうした時は「縁起がいい」と喜んだそうです。また時には修理も必要なので、井戸のゴミさらいや木管の修復なども時折行なわれました。維持費用も徴収されており、武家は石高、町人は家の間口の大きさで額が決められました。

駅を過ぎ、甲州街道に入って上智大学の側を進みます。敷地が途切れる麹町六丁目交差点で右に入り、下っていきます。この右側もずっと上智大学です。下りきった下が紀尾井坂の下です。清水谷へ入って左側の清水谷公園に入りましょう。

参道のような道を進むと、まず目につくのは巨大な大久保利通の哀悼碑ですが、目的はその裏にあります。石の箱のようなものが2かたまり置いてあります。よく見るとそれぞれが2つの巨石でできています。

これは近くの甲州街道地下から道路改修工事中に見つかった**水道石桝**です。４つの石全部が縦に繋がって埋まっており、全体で3・7メートルもの大きさがありました。その下部に内径43センチの木製水道管が繋がっていて、配水のための設備だったようです。ものすごい規模ですね。

コースはここで終了です。最寄りは東京メトロ赤坂見附駅、もしくは麹町駅です。

4-2

飯田橋から浅草橋　5・1キロ

——神田川開削という江戸の自然改造工事

■誰も入れない歩道

飯田橋駅東口からスタートしましょう。飯田橋の交差点は複雑です。道路政策の失敗の見本のような場所です。江戸時代は外堀に橋はなく、神田川をまたぐ**船河原橋**（ふながわらばし）だけがある三叉路（さんさろ）でした。ここに明治になって外堀を渡る橋が架けられ、都心側の町が飯田町だったので「飯田橋」と名付けられます。今は町名も飯田橋になりました。

さらに神楽坂方面から大久保（おおくぼ）通りが通じ、五差路になりました。また面倒なことに神田川の文京区側にも道路があり、これも先ほどの五差路に繋がっているので、飯田橋交差点は実質六差路です。こちらから都心方面への流れをさばくためにさらに

複雑な飯田橋交差点。手前斜めの空間が行き場のない歩道

船河原橋の堰　（初代広重「どんどんノ図」　国立国会図書館）

橋が架けられましたが、この結果、旧飯田橋には立ち入れない歩道スペースができています。

地下でも東京メトロ東西線、有楽町線と南北線、都営大江戸線が離れた場所で同じ「飯田橋」となっていてわかりにくく、地上に出て「ここはどこ?」状態になります。歩行者用の歩道橋は古くて揺れます。エレベーターもエスカレーターもなく、動線も悪く、街歩きでご案内するときはいつも難儀(なんぎ)します。

交差点は千代田区、新宿区、文京区にまたがっており、これが整備の遅れの遠因とも思いますが、先に見た飯田橋駅のホーム移動が終われば飯田橋駅東口駅舎の改築問題が出てくるでしょうから、併(あわ)せて根本的な再整備を期待したいところです。

江戸時代以前、神田川の元となった平川は、この飯田橋付近から第3章の「3－1」で訪れた外堀の出発点、堀留橋あたりに向かって流れていたようです。すでにお話ししたように、江戸城本丸前の洪水を避けるため平川は飯田橋で閉め切られ、新たに東に一直線に向かう神田川が切り開かれました。1620年のことで、この開削工事は仙台藩伊達政宗が命じられたことから、御茶ノ水あたりの神田川を**仙台堀**と言ったりもします。

この工事は2代将軍秀忠の時代に行なわれたのですが、これについては面白い伝説があります。ある日、秀忠と政宗が囲碁をしていた時、政宗が「本郷から攻めようか」とつぶやいたと言います。これは囲碁用語の「本コウ」（打ち手が両者ともに次の1手で解消できる状態）との引っ掛けでしょうか。秀忠は「本郷は危ないか」と返します。

この意味は、今の東大あたりから続く本郷台地は江戸城の北に向かって突き出しており、北から攻められると軍勢が一気に城下に迫りかねない、ということです。北から攻めてくる危ない敵とは政宗自身のことであり、結構綱渡りな発言です。政宗は「危ない！危ない！」と答えたとか。このあと政宗に神田川開削工事が命じられるわけですが、伝説では自身が堀を掘ってお城を安泰にしてみせましょう、と続けたそうです。自分の危険性を示した上で工事は自分がやる。死に装束で秀吉に対面したという政宗なら言いそうな逸話です。

工事の結果、神田川は外堀と出合った場所で東に直角近く曲がることになりました。この手前、その名も「大曲(おおまがり)」という場所でも神田川は大きく曲がっており、やはり人手が入っているのかもしれません。

政宗が工事をした段階では、神田川はまだ舟が通れるほどではなく、その後1660年、孫の綱村(つなむら)の代になって拡幅工事を命じられて、海から隅田川を経て飯田橋まで舟が行き来できるようになりました。この結果、飯田橋の背後にある神楽坂や牛込などの街が発展しました。神楽坂の1本脇（北側）に**軽子坂(かるこざか)**という坂があります。その名は、飯田河岸まで舟で運んだ荷物を、軽子という人足たちがここを通って運んだことにちなむと言います。

また海と繋がったので、塩水が上がってきます。あまり上流まで塩水が来ると魚や飲み水に影響が出ますから、牛込橋の手前と船河原橋のところに堰(せき)を設けました。浮世絵などにも水が流れ落ちる様子が描かれ、船河原橋の堰は「どんど」などと呼ばれていました。

水道橋の外堀土塁の上を走るJR総武線

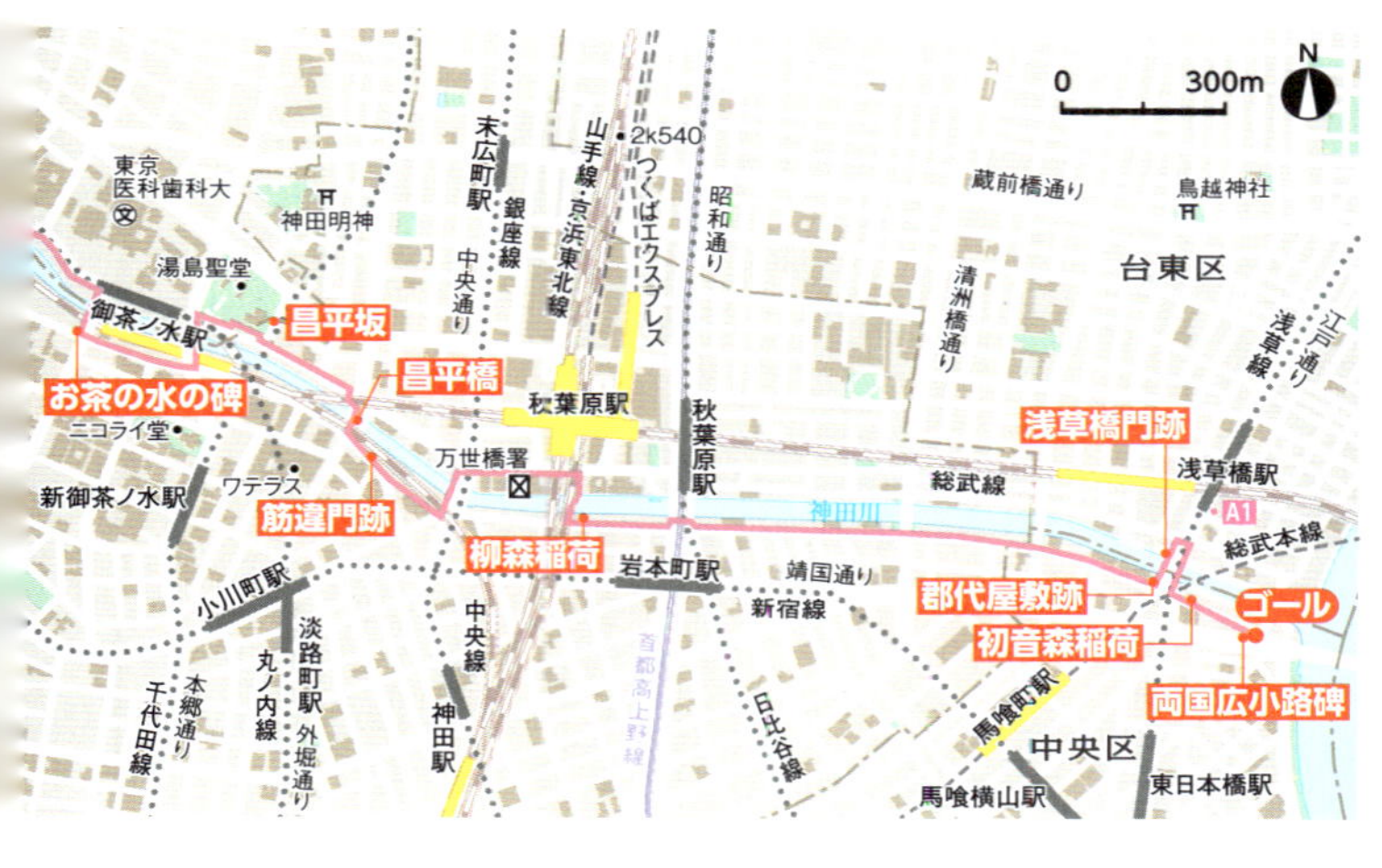

（上）飯田橋アイガーデンにある石垣。高松藩松平家上屋敷庭園から出土した庭石などで構成　（下）小石川門跡に放置されている石

第3章「3－2」でご紹介した「溜池どんどん」と同じですね。

さて前置きが長くなりましたが、目白通りを渡ってJR線と神田川の間の道を行きます。川縁に建つ昭和レトロな飲屋街のビルは、戦後に周囲にあった露天商たちが立ち退かされて集まって作ったビルだそうです。

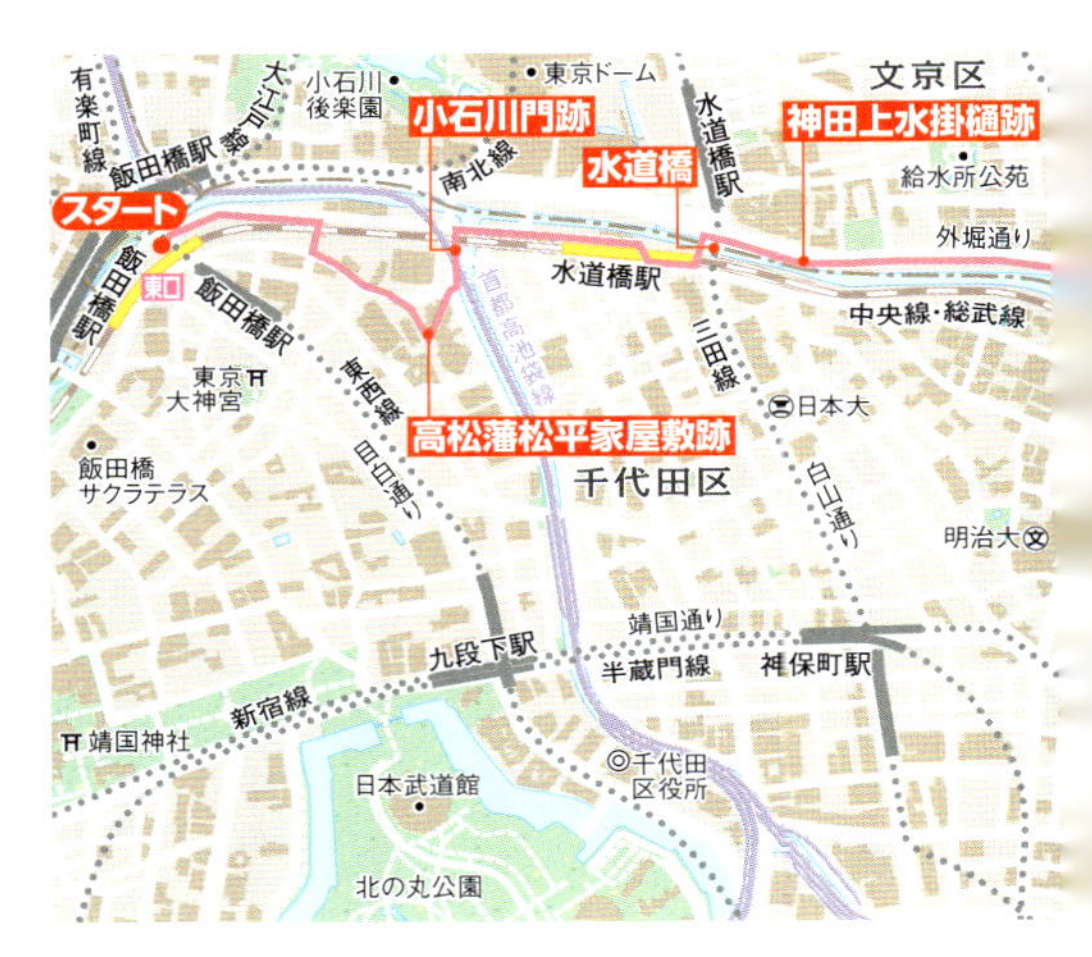

反対側のＪＲ線は土盛りの上を走っています。飯田橋まではお堀端を走っていたのに、どうしたことでしょう。実はこの土盛りは江戸時代からあるもので、線路はそれを利用して走っているのです。この先、御茶ノ水駅は神田川の崖の途中にへばりついて建っており、線路の勾配（高低差）をできるだけなくすには好都合でした。

ではこの土盛りは何かというと、江戸城の外堀土塁です。明治時代の地図を見ると、神田川から少しスペースを取って、ほぼ一直線に土塁が築かれているのがわかります。土塁は次の水道橋駅付近まで続いていますが、これは外の敵から城内を見えなくするという他に、新たな神田川を築いたとはいえ、上流からの洪水が江戸城前に迫らないようにする堤防の役目もあったようです。

水道橋駅に向かう途中、右側へ抜けるガードがあるので、そこを通って反対側に出ます。左側に行くと、間もなく飯田町貨物駅を再開発した**アイガーデン地区**に出ます。中央線・総武線の元となった甲武鉄道は一時、ここにあった飯田町駅が終点でしたが、御茶ノ水方面に延伸されたため貨物駅になり、旅客扱いは新たに飯田橋駅を作りました。牛込門の西側にあった牛込駅を合体させて新造し、現在地に移したのです。ですから今進んでいる飯田橋駅ホームの移動は、牛込駅の復活とも言えます。

アイガーデンに入っていくと、中の広場に石垣で囲まれたデッキがあります。この石は再開発に伴う発掘で見つかりました。ここにあった**高松藩松平家上屋敷庭園**の庭石です。屋敷内からは、神田川開削で閉め切られて不要になった旧平川流路跡が見つかっています。1657年の明暦の大火後に埋められたようです。

アイガーデンを抜けると日本橋川に出ます。この川は1903年に、水運のために堀留から再度切り開かれたもので、平川の旧流路とは少し違っています。できた当時は外堀川と呼ばれており、日本橋川と呼ばれるのは戦後のことです。川縁に解説板があり、神田川の開削や発掘された平川の跡などについて写真入りで示してあります。

現在、日本橋川が神田川と合流する小石川橋のあたりには**小石川門**がありました。ほぼ現在の小石川橋と重なります。遺構はほとんどありませんが、JRのガード手前に大きな石がゴロゴロ放置されています。おそらく城門を解体した石でしょう。

水道が眺められる橋

日本橋川を渡って水道橋駅西口から東口へ向かいます。振り返ると江戸城外堀土塁が延々と続いているのが見えます。東口を通る白山通りが神田川を跨（また）いでいる橋が**水道橋**です。城門はありませんでした。橋のたもとには江戸時代の浮世絵のレリーフがあります。神田上水の掛樋の様子です。御茶ノ水方面から掛樋と水道橋を眺めています。

水道橋はこの掛樋が見える橋、「水道が眺められる橋」との意味で、ここを水道が通っていたわけではありません。坂を上っていきましょう。これが、政宗が秀忠を脅した本郷台地です。今は神田川が続いていますが、この谷は江戸時代に人手で掘られたものなのです。

川沿いすぐ右手に小公園があり、神田上水の流路地図と解説があります。家康が江戸に入ってすぐ、牛ヶ淵、千鳥ヶ淵、溜池などの飲料水用のダムを築いた話はすでにしました。しかしやはり溜め水は不衛生です。家康は同時に飲料水用水道の建設に着手します。それが神田上水です。

当初は小石川用水と呼ばれた規模の小さなものだったようですが、神田川を開削した頃に完成したようです。現在椿山荘（ちんざんそう）がある文京区関口（せきぐち）の神田川に堰を設け、そこから川の脇を通る水路を作り、城内へ水を引きました。途中、水道橋の北にある水戸徳川家上屋敷内を通り、地下に潜って神田川を木製の水道管の橋で渡りました。それが掛樋です。小石川用水は神田川開削前にはあったようなので、開削工事に合わせ、掛樋を架けたようです。

さらに少し上った川辺に掛樋跡の碑があります。近くの本郷給水所にある**東京都水道歴史館**ではこの掛樋の模型を見学できます。また道路工事中に見つかった、石でできた巨大な神田上水地下水路の遺構もあります。江戸の上水について詳しく知りたいのであれば必見の施設です。無料ですので是非。

東京都水道歴史館にある
掛樋の模型

坂を上っていくと、当然ながら川底はどんどん遠くなっていきます。現在の姿は戦後に河川改修されてかなり広がっていますが、それにしても水面は江戸時代と変わりません。やがて見えてくる橋が**御茶ノ水橋**で、ここから見る聖橋（ひじりばし）、神田川、東京メトロ丸ノ内線が面白い景色なのですが、現在は御茶ノ水駅改良工事のための作業台が川の上を覆い（おお）、2023年までここの絶景は復活しないようです。

橋を渡った交番脇には「お茶の水」の石碑があります。上

聖橋下を通るはしけ船。しばらく見られない風景

ってきた坂の途中、川辺に高林寺（こうりんじ）という寺があり、そこに湧く水が名水で将軍の飲むお茶に使った、というところからお茶の水という地名が生まれました。残念ながら江戸時代の神田川拡張工事で失われてしまい、寺も駒込に移転しました。この「お茶の水」も、桜田堀脇の「桜の井戸」と同じで、神田川を最初に開削した際に、本郷台地の地下水脈が切られて湧き出したのでしょう。

　駅の脇を通って聖橋に向かいます。御茶ノ水駅聖橋口へ出てさらに向こう側に渡ります。まっすぐ進むと**淡路坂**（あわじざか）です。坂手前脇に大きなムクノキがあります。よく見ると「元宮」というお札がかかっています。明治時代までここに太田道灌ゆかりの**太田姫稲荷神社**（おおたひめ）がありましたが、駅を作るために駿河台へ移転を余儀なくされました。だから淡路坂の手前が「元宮」なのです。

　聖橋を渡って右の階段を下り、**湯島聖堂**（ゆしませいどう）へ入りましょう。江戸時代の幕府の公式学問所である**昌平坂学問所跡**（しょうへいざか）です。学問をする場所は、左側の東京医科歯科大学の敷地にありました。聖堂は儒教の祖、孔子（こうし）を祀る場所で、関東大震災で焼けてしまい現在のものは鉄筋コンクリートによる再建です。

　聖堂を出て前の坂を秋葉原方面に下っていきます。この坂を昌平坂と思っている方も多

湯島聖堂の孔子を祀る大成殿

いようですが、本来ここは相生坂（あいおいざか）と言い、昌平坂は湯島聖堂正門に面した神田明神につながる坂のことを指します。昌平とは孔子の生まれた村の名です。

ほぼ下り切ると、神田川を渡る昌平橋です。江戸時代からありました。ここを渡って左へ、JRの高架に沿って歩きます。途中に**筋違門跡**（すじかい）の解説板があります。今は煉瓦塀しかありませんが、このあたりから対岸に橋が架かっていました。将軍が上野の寛永寺（かんえいじ）に参詣する際はここを通りましたので、この先、秋葉原駅手前の鉄橋は今でも御成街道（おなりかいどう）架道橋という名です。

この一帯はかつて**万世橋駅**（まんせいばし）という巨大な駅でした。飯田町駅が中央線の終点だったとお話ししましたが、その後はここが終点となり、長く交通の要衝として賑わいました。廃止後は交通博物館となるのですが、それも移転した後、残った煉瓦造りの高架を再利用して、今は「マーチエキュート神田万世橋」という商業施設になっています。敷地内に先の筋違門などの詳細や絵図が掲げてあります。

万世橋は江戸時代にはありません。ここでまた神田川を渡りましょう。正面に緑色の御成街道架道橋が見えます。右へ行きJRのガードをくぐったら、ガード脇すぐ先に狭い通路があるので入ります。その先は神田川を渡る歩行者専用橋です。東北新幹線を作る際の作業用の橋だったそうですが、便利なため残されました。ここから神田川を見ると、いかにも人工の運河で一直線に切り開かれているのがわかります。橋の欄干に秋葉原の古地図が刻まれていますが、誰も気がつかないでしょうね。

対岸に柳森稲荷（やなぎもり）がよく見えます。渡ってお参りしましょう。江戸時代は神田川沿いに土手が築かれ、柳が植えてあったので柳原土手と言いました。稲荷は川辺の土手下にありましたが、1873年に土手は崩され稲荷だけが残りました。

土手沿いは本来空き地なのですが、江戸時代から「床店（とこみせ）」という小規模の仮設商店が密集し、これが現在の服飾関連問屋街につながったと言います。かつての土手沿いの柳原通りを進むと、江戸時代からあった和泉橋（いずみ）の袂に橋や土手の解説板があります。橋の名はこの北にあった安濃津（あのつ）藩藤堂（とうどう）和泉守の屋敷にちなんでいます。

JRの煉瓦高架を再利用したマーチエキュート神田万世橋

昭和通りを歩道橋で渡り、首都高をくぐります。柳原通りはまだ続いています。江戸時代はこの先浅草橋まで土手がありました。対岸は今も**神田佐久間河岸**の町名が残るように荷揚げ場です。その先、美倉橋は江戸時代からありましたが、もう1本先の左衛門橋はありません。

浅草橋手前に学校があり、その角に近くで出土した江戸城外堀の石垣石が置いてあります。橋など大事な部分には石垣を使っていたようです。浅草橋に出ると交番があります。江戸時代にも、ここには浅草橋門を警備する大番所がありました。このほか江戸市内の主要な場所には辻番所があり、これが明治以降も引き継がれて現在の交番になりました。交番は日本警察独特のシステムとして世界的に評価されていますが、その源流は江戸の街にあったのです。

交番脇には「**郡代屋敷跡**」の掲示があります。浅草橋門手前の城内には、関東一円の天領を治める郡代役所が置かれていました。江戸府内と呼ばれた町奉行所管轄地以外は郡代の所管で、土地争いなどの訴訟はここへ持ち込まれたのです。当時の訴訟は泊りがけですから、近くの馬喰町あたりには公事宿と呼ばれる訴訟関係者の宿泊所が多数ありました。

浅草橋のあたりが**浅草橋門**の枡形です。交差点が異様に広いのがわかります。橋を渡った浅草橋駅側に「**浅草見附跡**」の石柱があります。この浅草橋門に、明暦の大火の際の悲劇で有名です。その当時まだ隅田川には橋がなく、火事から逃れようとする人がこの門を通って浅草方面に行こうと殺到しました。

ところが、なんと門番が門を閉じて開けなかったのです。伝馬町の囚人を逃さないためだったとも言います。このため逃げ場を失った人が焼け死んだり、神田川に飛び込んで溺れたり、ここだけで2万人以上が亡くなったと言います。これを教訓に両国橋が架けられたのは1659年のことです。

浅草橋門の柱と思われる出土した木。地下の鉄道工事で見つかった

浅草見附跡から浅草橋駅側の横断歩道を渡り、また橋の方に戻って左側の両国郵便局の方へ行きます。隣のビル内の初音森(はつねもり)神社１階には小さな資料室があり、発掘された浅草橋門の門柱が置かれ、浅草橋門内の悲劇の解説も掲示してあります。

そのまま進むと両国橋西詰の交差点ですが、ここもやけに広い交差点です。このあたりは、江戸時代は芝居小屋などで賑わった両国広小路です。道路脇のスペースに碑が立ちます。これは明暦の大火を教訓に江戸市内にいくつか作られた防災広場です。上野広小路は今も地名として残っていますが、浅草、秋葉原、江戸橋にもありました。

神田川の河口には柳橋(やなぎばし)が架かります。芸者で有名になるのは幕末から明治にかけてです。ここで江戸城外堀はおしまいですが、城の防備という点で言うと、この先の隅田川は東の巨大な防壁です。

お帰りは都営地下鉄、ＪＲの浅草橋駅が最寄りですが、橋を渡ってＪＲ両国駅に行ってもさほど距離は変わりません。隅田川の風情を楽しんでいかれてもいいでしょう。健脚の方は両国橋を渡って、サブコースの下町を引き続きお歩きください。

5 下町──江戸市街拡張の跡を辿る

江戸城外とはなりますが、家康のプランを超えて江戸の町を拡張させ、江戸の町を支えた隅田川の川向こうをご案内します。

ＪＲ両国駅の西口へ出ます。床面に大正５年（１９１６年）の付近の地図が描かれています。まだ多少、江戸の面影が残っています。都営大江戸線の両国駅は遠いのでお間違えなく。右へ行けば両国国技館。その裏は江戸歩きの聖地、江戸東京博物館です。

今回は左へ行きます。通り沿いには大相撲の横綱の手形などが並んでいます。両国は相撲(すもう)の街です。これも江戸時代に起源があります。大通りをそのまま進んで突き当たる京葉道路を渡ってください。「両国シティコア」との看板がある、床が縞(しま)模様になった広場に入ってください。左の方に入っていくと、駐輪している自転車で見にくいかもしれませんが床面に大きな円が書いてあります。この場所に旧両国国技館の土俵がありました。ではなぜ国技館がここにできたのか。

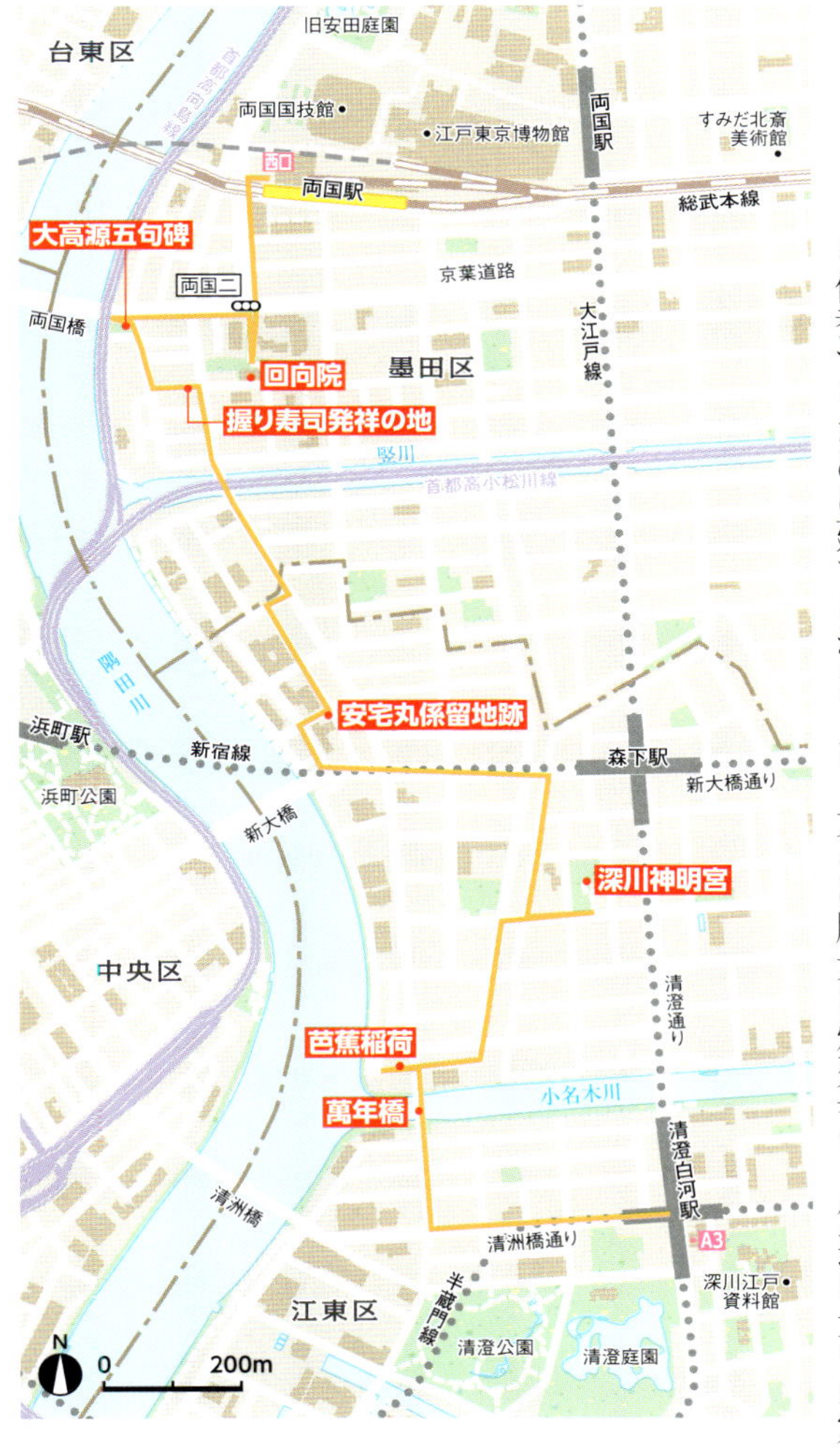

今度は隣のカマボコが載ったような門を入ります。ここは**回向院**（えこういん）というお寺です。江戸の町を焼き尽くし、10万人の死者を出したという１６５７年の明暦の大火の死者を供養するために建てられました。元々は膨大な焼死者を、付近に大きな穴を掘って

力士像と手形

葬ったことから始まりました。

このため浄土宗の寺院ではありますが、正式名称は諸宗山無縁寺回向院と称し、あらゆる死者を受け入れています。普通は供養されない海難死者や罪人、犬猫や馬なども江戸時代から弔いました。ペット寺院の走りですね。こうしていろいろな人が集まるため、江戸時代からイベント会場として賑わいます。

その一つが相撲で、江戸時代中期から回向院の境内で勧進相撲が開かれるようになり、幕末頃にはここで年2回、定期興行されるようになりました。明治になって国技館建設の際に境内が提供されましたが、工事をすると大火で葬られたと思われる大量の人骨も出たそうです。境内には鼠小僧の墓などいろいろ見所があります。

寺を出たら京葉道路を西に、両国橋に向かいましょう。橋の袂に赤穂浪士の一人、大高源吾の句碑があります。また、橋と隅田川にあった河岸保護のための百本杭などについての解説板もあります。両国橋は明暦の大火を教訓に、火災時の避難経路の意味で造られました。それから、ぎゅうぎゅう詰めになりすぎた江戸の市街地を拡大し、隅田川以東の開発を促進する交通路の意味もありました。

幕府は富岡八幡や亀戸天神の創建を援助し、霊巌寺を移転し、隅田川東岸の発展を後押しします。こうして本所、深川地域が江戸と一体化した市街地になっていくわけですが、実は古代に決められた国の境は隅田川で、西は武蔵国で東は下総国でした。だから両国橋と言ったのです。これでは不都合ということで、国境が江戸川に移されました。明暦の大火がなければ、江東区や墨田区は千葉県だったかもしれません。

円の中心部に旧両国国技館の土俵があった

戻って橋の手前の道に入ります。少し入った右側に、橋の袂にあった広小路や、ここで休憩した赤穂浪士、隅田川べりにあった石尊垢離場跡などの解説板があります。またさらに少し先の右側路地の中に、握り寿司発祥の地の解説板があります。

回向院の山門。江戸時代中期、境内で勧進相撲が開かれた

そのまま進んで突き当たりを左、右側の最初の橋が**一之橋**です。上を首都高が通るまっすぐな川は、江戸時代に造られた人工の運河、**竪川**です。家康は小名木川を開削して江戸湾奥の河口部を繋ぎましたが、この竪川は明暦の大火以降に、いくつかの目的をもって掘られたものです。

まず小名木川同様、江戸と利根川河口（のち中川）を結ぶ交通路として。次に湿地帯だった周辺の排水を促し、乾燥化すると同時に掘った土砂で土地を造成しました。要するに、これも隅田川東岸地区開発の一環です。完成すると両岸は河岸として使われ、蔵などが並ぶようになります。江戸の中心部にあっては火事の際に危険な材

初代広重「大はし　あたけの　夕立」　Brooklyn Museum

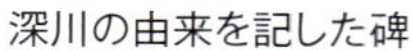
深川の由来を記した碑

明暦の大火死者の慰霊塔

木置き場の木場などは、隅田川東岸に移転されました。他にも大横川、横十間川、北十間川、仙台堀川など数多くの運河が開かれ、開発が進められました。

橋を渡って右側3つ目の路地を入り、すぐに左へ行きます。少し進むと右側に小公園があり、「**安宅丸の由来**」という碑があります。このあたりに3代将軍家光が命じて造らせた将軍御座船の巨船、安宅丸が係留されていました。

そのまま進んで大通りに出ましょう。右手に見えるのが新大橋です。江戸時代はもう少し南に架かっていました。橋の袂にある公衆トイレの壁に、歌川広重の名所江戸百景「大はし　あたけの　夕立」が描かれ

芭蕉庵のあった場所に建てられた芭蕉稲荷

ています。幕府は両国橋以降、永代橋、新大橋、吾妻橋と架橋しました。両国橋以前から架かっていた千住大橋を合わせ、江戸時代の隅田川には５つの橋が架かっていたわけです。

　橋と反対に向かい、都営新宿線森下駅あたりまで来ます。左側に小公園があり、道路が少し盛り上がっています。ここにも江戸時代は掘割がありました。盛り上がりを過ぎたところで右に入り、左側４つ目の道を左に入ります。すぐ左に**深川神明宮**があります。鳥居前に由来碑が立っています。

　それによると、当地を開拓した深川八郎右衛門が見回りに来た家康に地名を聞か

萬年橋。小名木川に架かる橋では江戸から見て最初の橋だった

れ、「ない」と答えたところ、「では深川とせよ」と言われたのが地名の起こりだとされています。八郎右衛門は摂津国の人で、おそらく家康にスカウトされてこの地の開拓を任されたのでしょう。代々一帯の名主を務めました。

やはり江東区の砂町も、越前国からきた砂村新左衛門が明暦の大火後に開拓したと言います。開拓者の名から地名を砂村としましたが、大正時代の町制施行で「村」から「町」に変えてしまったというのですから、ちょっとおかしい気がします。

江東区あたりは現代では「下町」イメージですが、元はと言えば関西人が開発したのですね。

来た道を戻って進み、先の道から今度は３つ目を左です。突き当たりを右に行き、太い道を横切ると、右にある小さな社が**芭蕉稲荷**（ばしょういなり）です。松尾芭蕉（まつおばしょう）の草庵がここにありました。

太い道の先に橋があり、**萬年橋**（まんねんばし）と言います。江戸時代は下の小名木川を通る船の通行を妨（さまた）げないように、太鼓橋（たいこばし）でした。橋の袂に江戸時代の絵と、ここにあった船番所の解説板があります。この小名木川が、江戸と利根川を結んだ江戸にとっての最重要交通路です。さらに利根川を経て東北地方や日本海側に繋がっていました。

橋を渡りきり、清洲橋（きよすばし）通りまで出て左に行くと東京メトロ清澄白河（きよすみしらかわ）駅に着きます。

第5章 繁栄する町

「お城」というイメージからは遠い、かつての町人地を歩きます。しかし、日本橋・京橋・銀座といった江戸時代から続く日本最大の商業地域も、広い意味での江戸城内です。また、こうした地域が成立したのも江戸城構築と切り離すことができません。

5-1 岩本町から日本橋 4・2キロ

——江戸の町づくりだった江戸城建設

■池は埋めて水路を築く

都営地下鉄新宿線岩本町(いわもとちょう)駅のA5出口から出ます。首都高沿いを左に進んで最初の信号交差点を左です。次の岩本町三丁目交差点を右に行くと、間もなく右手の路地の中に「**繁栄お玉(たま)稲荷**」との幟(のぼり)が見えます。小さな社(やしろ)があり、傍(かたわ)らには「**お玉が池跡**」との標柱が立っています。

解説には、江戸時代初期、このあたりにお玉が池という池があったが徐々に埋められて姿を消した、とあります。稲荷の脇に小さな池があり、消えた池を偲(しの)ぶかのようです。池の名はここに身を投げた「お玉」という女性から来ていると書かれていますが、同様の伝説を持つ「お玉が池」は各地に存在します。

解説では、お玉が池は、かつては不忍池(しのばずのいけ)よりも大きかったともありますが、古地図などでも池がどのあたりに広がっていたのかはよくわかりません。幕末の地図では、この稲

荷の場所に小さな池だけが描かれています。では池は伝説に過ぎないのかといえば、そうではないでしょう。家康が入府するまでの

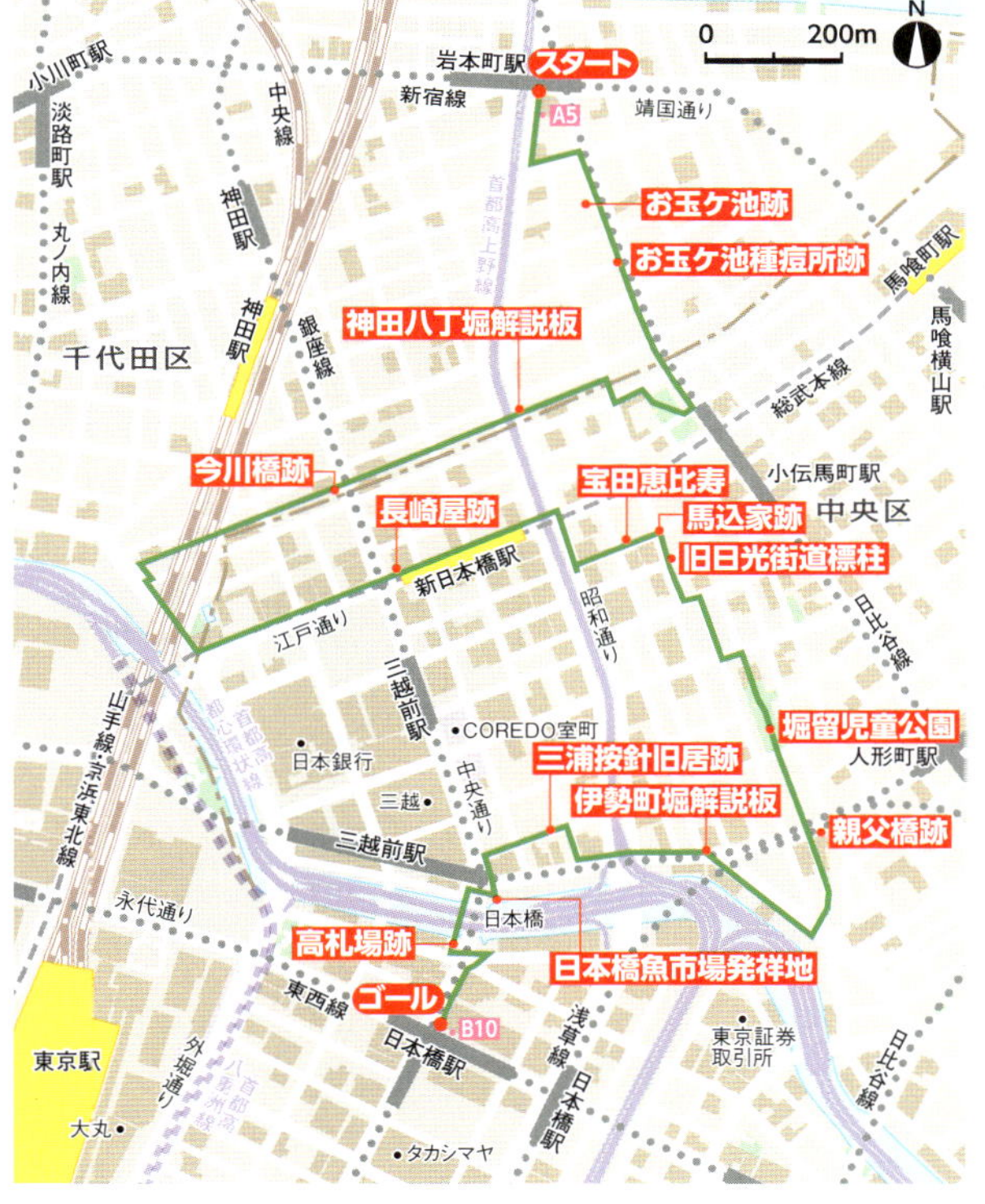

岩本町の繁栄お玉稲荷。江戸時代初期、大きな池（お玉が池）が付近にあったという

江戸では、大きな川の下流域には湿地帯が広がり、ところどころに池が点在していました。このお玉が池あたりは、古代以前までこちらへ流れていた石神井川の河口部で、不忍池のような池があったと思われます。それらの池を、江戸城の堀を掘った土や駿河台の山を削（けず）った土などで埋めて、市街地を造っていきました。

同様の池や沼池は神田川の元になった平川にもありました。神田川を飯田橋駅から少し遡（さかのぼ）った場所に、白鳥橋（しらとりばし）という橋があります。この付近に白鳥池という広大な池があったようです。また下流側の東京ドームシティあたりには小石川大沼という沼がありました。のちに埋め立てられて水戸徳川家の上屋敷が作られますが、幕末の安政（あんせい）の大地震で被害が大きく、小石川藩邸にいた儒学者の藤田東湖（ふじたとうこ）らが圧死したのは、埋め立てによる軟弱地盤だったからでしょう。

隅田川周辺にも、浅草寺近くに姥（うば）ヶ池、また北側には千束（せんぞく）池、姫（ひめ）が池などという池もありました。こうした埋め立ての結果、現代の東京市街地が成り立っているわけです。

稲荷社の少し先のビル前に「**東京都指定史跡　お玉ヶ池跡**」との碑があり、その手前右手に入ったところにあるお玉が池児童遊園にも、付近の史跡などの解説板があります。

路地に入る前の太い車道に戻って南へ進んでいきます。二つ先の角の右手に「**お玉ヶ池**

伝馬町牢屋敷跡の十思公園。左が「時の鐘」の鐘楼

種痘所跡」の碑や解説板がビルの壁に沿って並んでいます。１８５８年に江戸で最初の種痘所ができました。周辺は、幕末ごろには医師や学者、剣術家が住んだ文化人街だったようで、そのような解説も書かれています。

そのまましばらく進むと東京メトロ日比谷線の小伝馬町駅ですが、その少し手前、お寺が見えてきたら右に入ります。右手の**十思公園**入り口に「十思公園ご案内」があり、周辺が**伝馬町牢屋敷跡**だったことが書かれています。

牢屋敷はこの公園と隣の旧十思小学校、大安楽寺、これらの南の一角のビル街などに広がっており、当時は堀で囲まれていま

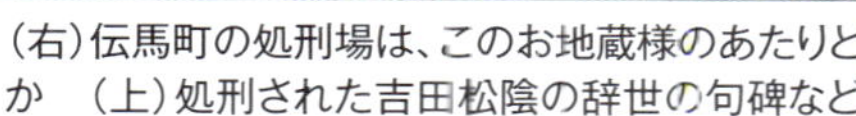
（右）伝馬町の処刑場は、このお地蔵様のあたりとか　（上）処刑された吉田松陰の辞世の句碑など

した。江戸時代は現代のような懲役刑、禁固刑というものは基本的になかったので、牢屋敷は刑務所ではありません。刑が定まるまで容疑者を収容しておく現代の拘置所のようなものですが、処刑も行なわれました。処刑場は大安楽寺内の地蔵尊のあたりだそうです。

公園に入って右側に、ここで斬罪となった**吉田松陰の辞世の句碑**など記念碑があります。また広場に楼閣のようなものがあり、上に鐘が載っています。これは江戸時代に時間を知らせた「時の鐘」で、本来はもう少し西の日本橋石町（江戸時代初期の町名。のち神田地区に新石町ができたため、現在の本石町に改称）にありましたが、移転保存したものです。

旧十思小学校の建物は「十思スクエア」という中央区の施設になっていますが、改築の際に発掘調査が行なわれ、その成果が建物内や周囲に展示されています。建物一角の床面がガラス張りになっており、地下の木製水道管などの様子が見学できます。また

旧十思小学校を改築した中央区の「十思スクエア」では、発掘調査の成果が展示されている。（上）地下の水道管遺構などがガラス越しに見える　（下）出土した伝馬町牢屋敷の石垣遺構

出土した石垣が再構築されて積んであり、大きくて立派な石垣が使われていたことがわかります。ロビーには牢屋敷の模型が展示してあります。

公園の裏から外に出ます。左へ行きすぐに右に曲がると、左右に細い路地がずっと続いているのがわかります。ここを左に入りましょう。首都高手前の地蔵橋児童遊園に出ると、**神田八丁堀跡**の案内板があります。

明暦の大火の後、幕府は江戸市中で様々な防火対策のための都市改造を実施しますが、ここもその一つでした。大火後間もなく、火災の延焼を防ぐために日本橋川からこのあたりまで、神田地区と日本橋地区を仕切る形で土手が築かれます。その後、土手ぎわに火除け地が作られ、さらに町人が費用を出して掘割とし、舟が行き交うようになりました。長さが八丁（約872メートル）あったので神田八丁堀と呼ばれましたが、のちに竜閑川との名になります。まっすぐに続く道はこの川の跡で、今でも千代田区と中央区の境です。

掘割になった際に、別に掘っていた浜町川と繋げられ、L字形の水路となって日本橋川と隅田川を結び、物資の運搬に役立てられましたが、戦後に戦災瓦礫の処理のために埋められました。江戸の町づくりでは、湿地の池などは埋める一方で、このような水路は江戸市中に次々と張り巡らされていきます。前にもお話ししたように、江戸時代の物流は舟運が中心で、水路で町の繁栄を支えたわけです。水路は自動車が発達する戦後まで、東京の経済も支えました。

目の前の歩道橋を渡ります。頭の上スレスレで首都高下を通っていきます。渡ったとこ

ひたすらまっすぐなこの路地は、神田八丁堀＝竜閑川の川跡。中央区（左側）と千代田区（右側）の境界線でもある

ろにも小公園があり、埋め立ての記念碑があります。竜閑川を埋めた道はまだまだまっすぐ進んでいきます。目を凝らして見ると、気持ち悪くなるくらい彼方までまっすぐなのがわかります。

すぐ左側には福田稲荷があり、近くにある神田西福田町が福田村だったころからの鎮守だと言います。ちなみに東福田町は住居表示で岩本町となってしまい、消えてしまいました。その先にも両社稲荷という小さな社があります。

■なぜ日本橋が商業地になったのか

さらに進むと中央通りに出ます。ここには**今川橋**という橋が架かっていました。中央通りを渡って右側に江戸時代の絵が描かれた案内板があります。かなり大きな川で、立派な橋だったことがわかります。橋の名はこの周辺を今川町と称したからですが、ここで生まれたのが有名な今川焼です。「桶の形で桶狭間、たちまち焼ける今川焼」云々と、桶狭間の戦いで敗れた今川義元をもじって宣伝したからというのは俗説で間違いです。

川跡を進むとＪＲの高架に突き当たります。最近までこの下にはその名も今川小路というバラックのような飲食店街がありましたが、耐震補強工事の名の下に撤去、解体されて

三井越後屋（初代広重「東都名所　駿河町之図」　国立国会図書館）

しまいました。戦後の風景を撮影するロケなどによく使われていました。

ガードを抜けると間もなく鎌倉児童遊園で、かつての日本橋川との合流点です。佐伯泰英さんの時代小説『鎌倉河岸捕物控』シリーズの舞台はここです。ここに船宿があったとの設定です。

日本橋川沿いの外堀通りを左に行き、またＪＲ高架をくぐります。常盤小学校の角を左に行き、再び中央通りと交わる交差点の左角、ＪＲ総武線新日本橋駅入口脇に「**長崎屋跡**」との解説板があります。本来薬屋でしたが、長崎・出島のオランダ商館長が江戸に参府した際の宿舎はここと決まっていました。日本人もオランダ人も、お互いが情報交換できる貴重な場として、宿泊の際は学者らが面会に長崎屋を訪れ大変な混雑になったようで、浮世絵などにも描かれています。

長崎屋があった室町3丁目交差点から日本橋までの間が、江戸で最も格式が高く、栄えた日本橋の商業地です。これは自然にそうなったわけではなく、家康が町割をし、ここを格式第一の町人地と決めたのです。2番手は京橋地区、3番手が銀座地区でした。

現在の日本銀行本店の場所には金貨を作る金座がありました。また三越は三井越後屋を縮めて呼んだもので、越後屋呉服店は江戸時代から日本橋の一等地である今の三越日本橋本店の場所で商いをしていました。他にも、にんべんや山本海苔店、木屋など江戸時代から営業を続ける店は数多くあります。

あまり知られていませんが、江戸の町人は自治が原則でした。細かいことに幕府は介入しません。そのトップは3人の町年寄で代々世襲でしたが、3家にいずれもこのエリアに住んでいました。奈良屋は金座のそば、樽屋は日本橋本革屋町、喜多村家は今の中央通り沿いです。

長崎屋のあった場所から首都高をくぐり、本町交差点を右に行きます。この本町や先ほどの室町という地名ですが、江戸時代と現代とでは微妙にずれていますので、ちょっと注意が必要です。曲がって二つ目の路地の先の角に小津和紙があります。ここは三井家と同じ三重県松阪市出身の商人で、江戸時代からの豪商です。本居宣長や映画監督の小津安二郎も一族です。

このビル前の歩道に「**馬込勘解由の碑**（べったら市の由来）」というものが立ち、横には「**宝田恵比寿神**」の案内標柱もあります。この付近は大伝馬町と呼ばれ、幕府の伝馬役、すなわち運送業務を担った町人たちが住んだ町です。伝馬役という公用を無償で行なう代わりに、民間の運送業務を独占できました。その町の名主が代々「馬込勘解由」を名乗ったのです。伝馬役を担った町は、牢屋敷があった小伝馬町、京橋の南伝馬町と3町ありました。

伝承によれば、馬込家は静岡県浜松市にあった馬込村の出身で、家康とともに江戸に入

（上）宝田恵比寿の案内標柱と馬込勘解由の碑。下が宝田恵比寿社

り、日比谷入江に近い宝田村に住んで伝馬役を仰せつかりました。その後、日比谷入江が埋め立てられ、江戸城拡張工事が始まると、他の住民とともに碑の近辺に成立した大伝馬町に移りました。

このように江戸城拡張の過程では多くの住民が移転を余儀なくされましたが、それと引き換えに様々な特権を与えられ、江戸の町の建設に携わります。そして家康の江戸入り以前から江戸に住んでいた、あるいは家康に従って江戸に入った古参の有力町人たちは草創名主と呼ばれ、特別に権威がある人たちでした。またこれら家康以前の江戸周辺の地名が、千代田、福田、宝田、祝田、桜田など、「田」の字が際立って多い点が面白いです。田んぼが多かったのでしょうね。

宝田村の移転に際し、旧村民が引き続き力を合わせ繁栄する象徴として、村の鎮守であった社を移転したのが現在の宝田恵比寿であると言われています。社の名は御神体が恵比寿神像であることによります。

お祭りは毎年10月19日と20日に開かれ、そこで売られることが多いのがべったら漬けだったため「べったら市」と呼ばれるようになりました。祭礼の時は、この碑のある場所からまず東に多数の露店が並び、少し先で右に折れて椙森稲荷あたりまで続きます。東京で

（右）於竹大日如来井戸跡。井戸を使ったお竹さんは大日如来の化身だったという　（左）見落としてしまいそうな堀留川跡の解説板

も最大級の露天市で、その賑やかさは、普段の静けさとの落差もあって驚きます。

小津和紙の建物の片隅には「**於竹大日如来井戸跡**（おたけだいにちにょらい）」があります。先ほどの馬込家で働いていたお竹さんは、日ごろ自分の食事を削って貧しい人に分け与えていましたが、実は彼女は大日如来の化身だったという、江戸時代に大流行したお話の現場です。

進んで左側に宝田恵比寿があり、その先の十字路左角に馬込勘解由屋敷跡の解説板があります。十字路を右に行きすぐに次の左角に、今度は「**旧日光街道本通り**」との碑があります。左右の道がそうです。今は長崎屋があった前の通りの方が拡幅され江戸通りとなり、こちらは裏通りのようですが、家康が江戸に入った当初はこちらがメインストリートで、本町通りと名付けられました。

道の通称名も「大伝馬本町通り」と掲げられています。当初は伝馬役の町でしたが、のちには木綿を扱う大商人の町になり、大店が軒を連ねていました。広重の名所江戸百景にも登場します。

本町通りを進んでいくと、浅草橋門から浅草を経て、東北地方や水戸方面に繋がっていきます。逆方向に向かうと今は日銀の建物にぶつかってしまいますが、江戸時代は道が通じており、常盤橋門の脇に出ます。日本橋から延びる現在の中央通りは、筋違橋門から城外に出て中山道、岩槻街道、寛永寺に向かう御成道に続いています。五街道は日本橋が起点、とはよく聞きますが、実際にはこうした江戸城の主要城門とを結んでルートが決められているのです。

■密集する市街地の中の広い公園

またまっすぐ南へ向かい、突き当たりを左。すぐ右に行くと次の道路を渡った左側にビジネスホテルがあります。わかりにくいのですがこのホテル前の植え込みに、かつてこのあたりまであった掘割の石垣が置いてあります。小さく解説板もあります。

隣の建物は中央区の保健センターなどが入る建物ですが、通り抜けられるので入ってください。壁に大きな木の橋のモザイク画があります。抜けると広々とした公園です。堀留児童公園と言いますが、ビルの谷間に結構広い公園があるのが不思議です。江戸時代からの密集市街地である日本橋地区には、広い公園がほとんどありません。ではなぜ、この公園はこんなに広いのか。実は、ここは江戸時代の港湾施設である掘割の跡で、昭和戦前まで残っていました。

ビルが密集する谷間で広々とした堀留児童公園

江戸時代以前の大昔は、おそらくこの一帯が石神井川の河口で、そのため海も深かったと思われます。私は、室町時代以前からあったという江戸湊は、古くは日比谷入江あたりであり、日比谷入江が土砂で浅くなってしまってからは、この付近だったのではないかと思っています。

先に家康が日本橋周辺を江戸第一の商業地と定めたとお話ししましたが、商業地を支えるインフラを整備しなければ実体が伴いません。それがこの掘割で、河口跡に舟入堀を造って全国からの物資を運び込ませたわけです。ここの掘割は堀江町入堀（明治期に東堀留川）と呼ばれ、もう1本掘られた西側は伊勢町堀（同じく西堀留川）と言います。

保健センター1階のモザイク画は、堀江町入堀に架かっていた橋でしょうか。公園南側の出口から出るとまっすぐ道が続いています。この道が、かつての掘割の中心です。そのまま進んで大きな通りを渡ります。渡った左の4階建てのビルに、「親父橋跡」の解説板があります。堀江町入堀を跨いで、面白い名の橋があったのですね。

三浦按針屋敷跡の碑

堀留児童遊園からの道の続きに戻って、南へ進んでください。道がカーブしていくのがわかります。堀江町入堀も曲がっていました。日本橋川に出るこの辺に小網町児童遊園がありますが、ここが掘割の出口でした。川沿いの左右にビルが立ち並んでいるのに、ここだけ公園です。その理由は、戦後に戦災瓦礫で埋め立てられた新しい土地なので、公有化されたからです。

日本橋川沿いを右に、日本橋方面に進んでください。

日本橋魚市場発祥の地の石碑。奥には女神様が

小舟町交差点を渡った正面の小舟町倶楽部ビルの前に伊勢町堀跡の解説板があります。こちらは日本橋川から掘られた堀が奥で西に曲がったL字形で、末端は現在のコレド室町の北側まで続いていました。中央通りのすぐ裏です。今は再開発で整備された福徳稲荷のある福徳の森あたりとなります。

こちらは堀江町入堀より早く埋め立てが始まり、１９２８年には姿を消します。そのため川筋が不鮮明ですが、小舟町倶楽部ビル左側の通りが堀の中心です。

首都高をくぐり江戸橋北交差点を渡ります。最初の角を右に入り、次を左に行くとすぐ右の小さな宝石店と海苔店の間の隙間に、「**史蹟　三浦按針屋敷跡**」との碑があります。わかりにくいのでお見逃しないよう。

三浦按針は本名、ウィリアム・アダムス。１６００年にヤン・ヨーステンとともに今の大分県に漂着したイギリス人で、家康の顧問となって旗本に取り立てられます。領地が三浦半島にあったので三浦を名乗りました。イギリスと日本の貿易の仲介などをしましたが、最後は長崎の平戸で亡くなりました。本来、日本橋に武家屋敷はないので、ここに屋敷を構えていたということは、家康は彼を貿易商の範疇に考えていたのでしょうか。

■日本橋を渡る

中央通りに出ましょう。日本橋の中央通りは江戸時代から同じ道筋で、車道部分の幅が江戸時代の道幅です。この道が江戸では一番格式の高い道ですが、この筋に決められたのは、おそらく先の日光街道が家康入府以前からの大通りであり、ここに直交する形で作られたためだと思います。常盤橋は古くは大橋とも呼ばれ、町と城を結ぶシンボル的な橋でした。その前にまっすぐ続く道が日光街道でした。

日本橋北詰の交差点、首都高を見て左側を渡りましょう。日本橋の橋詰、公衆トイレの向こう側に「**日本橋魚市場発祥の地**」の碑があります。魚市場はこの碑の背後の日本橋川沿いと、そこから上がった一帯にありました。

現在の我々は、市場というと築地や豊洲のような巨大施設を思い浮かべますが、江戸時代にそのようなものはありません。魚を陸揚げする場所を決めて、その近くに魚を商う卸商たちが集まっていた、というだけです。神田の青物市場も同様です。

碑の隣にはエジプトの女王のような像がありますが、これは市場の守護神であったミズハノメノカミ（罔象女神）という神様です。背後に魚たちが顔を出しているのが可愛いです。この市場の起源も家康絡みです。

家康が江戸に入る際に摂津の漁民を招き、幕府に魚を献上することを義務付けます。その代わり献上品以外の魚を売ってもよい、とした場所がこの日本橋の河岸だったのです。その先の伝馬役もそうですが、江戸時代の武士は自分で何かをするということはほとんどなく、一部の町人に特権を与え、その代わりに無償サービスをさせるのが一般的なやり方でした。宿場の維持なども同様の手法です。

魚市場跡の反対側の橋詰に渡りましょう。ここには日本国道路元標の複製が置いてあります。本物は日本橋の車道のど真ん中にあります。家康が日本橋を全国の街道の起点と定めたことを引き継いだものですが、現在では法的に意味を持ちません。

日本橋の架橋は１６０３年とするのが一般的ですが、実は記録がなくわかっていません。ただ翌年に、江戸を起点に街道を築くことが決められたので、この頃に作られたのは

首都高に覆われて薄暗い日本橋

間違いないようです。また意図したものかはわかりませんが、日本橋の上に立つと、ちょうど日本橋川の方向に江戸城天守が見えました。

いよいよ日本橋を渡りましょう。渡った側の橋詰に江戸時代の高札（こうさつ）を模した碑があり、日本橋を描いた浮世絵のレリーフがはめ込まれています。実際の高札場もここにありました。高札とは幕府が法令やお達しを書き記した木札のことですが、実際の高札場はもっと巨大で、たくさんの高札が並んでいました。

また日本橋を横切って反対の橋詰に行きましょう。ここは現在、日本橋川や東京湾を行く観光船の発着場になっています。第

日本橋高札場跡
観光船の発着所

3章「3－1」でご紹介した外堀の石垣を眺めるには、ここで日本橋川を遡る船に乗るのがよいです。

ここから先は京橋地区になります。日本橋を境に通りの軸が少し変わっていますが、京橋の中央通りの先には、かつては筑波山が見えました。そのように街路を作ったのでしょう。このように江戸の町はランドマークの景観を非常に大事にしています。浮世絵でも有名ですが、日本橋の日光街道や駿河町の通りの先には、富士山が望めました。

日本橋交差点の下に東京メトロ日本橋駅があります。本来、地区としては日本橋を渡る手前が日本橋地区です。しかし現在、この京橋地区側が「日本橋1丁目」などという住所になっており、勘違いしている方は多いかもしれません。

次にご案内する「5－2」を続けて歩く1日コースを行く場合は、このあたりで昼食を。老舗(しにせ)が多いので楽しいです。

寄り道コラム6

変わる東京　2020年五輪と江戸城

東京は同心円状の構造で、どの方向にも発展できる町でした。その結果、世界最大級の都市になったわけですが、その理由は江戸城と江戸の町の開発のあり方に源(みなもと)があります。東京は江戸城を生かした都市開発で繁栄してきたのです。

城は円形が守りやすいものです。方形の角は敵から攻められやすく、城の中心から救援に行くにも距離が遠くなり、機動性が低下するからです。江戸城は内郭(ないかく)（内堀の内側）、外郭（外堀の内側）とも円形と言っていいでしょう。

この円形から南北と西に幹線の街道が延びています。日光街道・奥州街道、東海道、甲州街道です。東へは小名木川をはじめとした運河の大幹線が延びています。

明暦の大火後、外堀外北西部に水戸家、尾張家、紀州家の巨大屋敷が並びます。徳川御三家ですね。それぞれ今は東京ドームシティ、防衛省、赤坂御所となっています。さらに北の本郷に前田家（今の東大）、南の三田や汐留に有馬家、島津家、伊達家という大身大名家の屋敷を並べます。また中心部から寺社を移転させ、谷中・駒込・四谷・赤坂・三田・深川など、江戸城中心に同心円状に寺町を作っていきます。

唯一陸地のない東京湾側は、日比谷入江の埋め立て以来、埋立地を造ることで発展していきました。築地、八丁堀、新川、佃島、汐留、日本橋中洲、越中島など、江戸時代に徐々に埋め立てられたものです。江東区の仙台堀川以南も江戸時代に埋め立てられました。明治以降の埋め立てもこの延長線なのです。

こうして現在にも繋がる江戸の同心円状の構造が出来上がっていきます。内堀通り、外堀通りはそのまま江戸城の名残ですね。山手線は当初、日本橋などを通過できなかったため、江戸市街を西に大きく避けて鉄道が敷かれ、その路線が中山道、甲州街道・青梅街道、大山街道と交差する場所に板橋駅、新宿駅、渋谷駅が造られました。

遅れて江戸城東側にも線路が通り、それが繋げられて環状の山手線になるのです。環状にする際の路線接続の関係から池袋駅ができ、東側路線の当初のターミナルが上野で、南の合流地点が古くからの宿場である品川でした。こうして見ると、東京の大繁華街も多くは江戸城との関わりの中で立地が決まっていったことがわかります。

また東京で大規模な敷地を擁する施設は皆、江戸城周辺に配置された大名屋敷跡です。新宿御苑、青山墓地、明治神宮、東京ミッドタウン（六本木）、六本木ヒルズ、慶應大学、旧築地市場などがそうです。近代社会で必要な巨大施設の敷地が、400年もの歴史を持つ都市の中心部に豊富に残されているのは、江戸の大きな特徴です。

大手町・丸の内の江戸城前一等地は、綺麗な方形区画ができていたため、明治以降もそのまま使われます。一時広大な軍用地になりますが、三菱の岩崎弥之助が買い、現在のような高層ビル街へと発展してきました。霞が関・永田町も大名屋敷跡の再利用です。

2020年の東京五輪・パラリンピックに向け、東京では各所で再開発が進んでいますが、都市の基本構造は変わっていません。江戸のままです。ですからマラソンコースなどでは、江戸城の痕跡を見ながら走ることになります。

スタート間もなく、四谷から市谷、飯田橋と外堀沿いを走ります。水道橋から城内に入り、小川町（おがわまち）あたりのカーブは神田山の裾野（すその）です。日本橋までの江戸のメインストリートを走り、ぐるっと迂回して外堀城門浅草橋門から浅草へ。戻って今度は銀座へ行き、増上寺（ぞうじょうじ）前から折り返して神田神保町まで戻り、今度は内堀の平川門、大手門、坂下門と城門を見て二重橋前で折り返します。

　ああ、ここに江戸城天守が建っていたら素晴らしいアピールにな

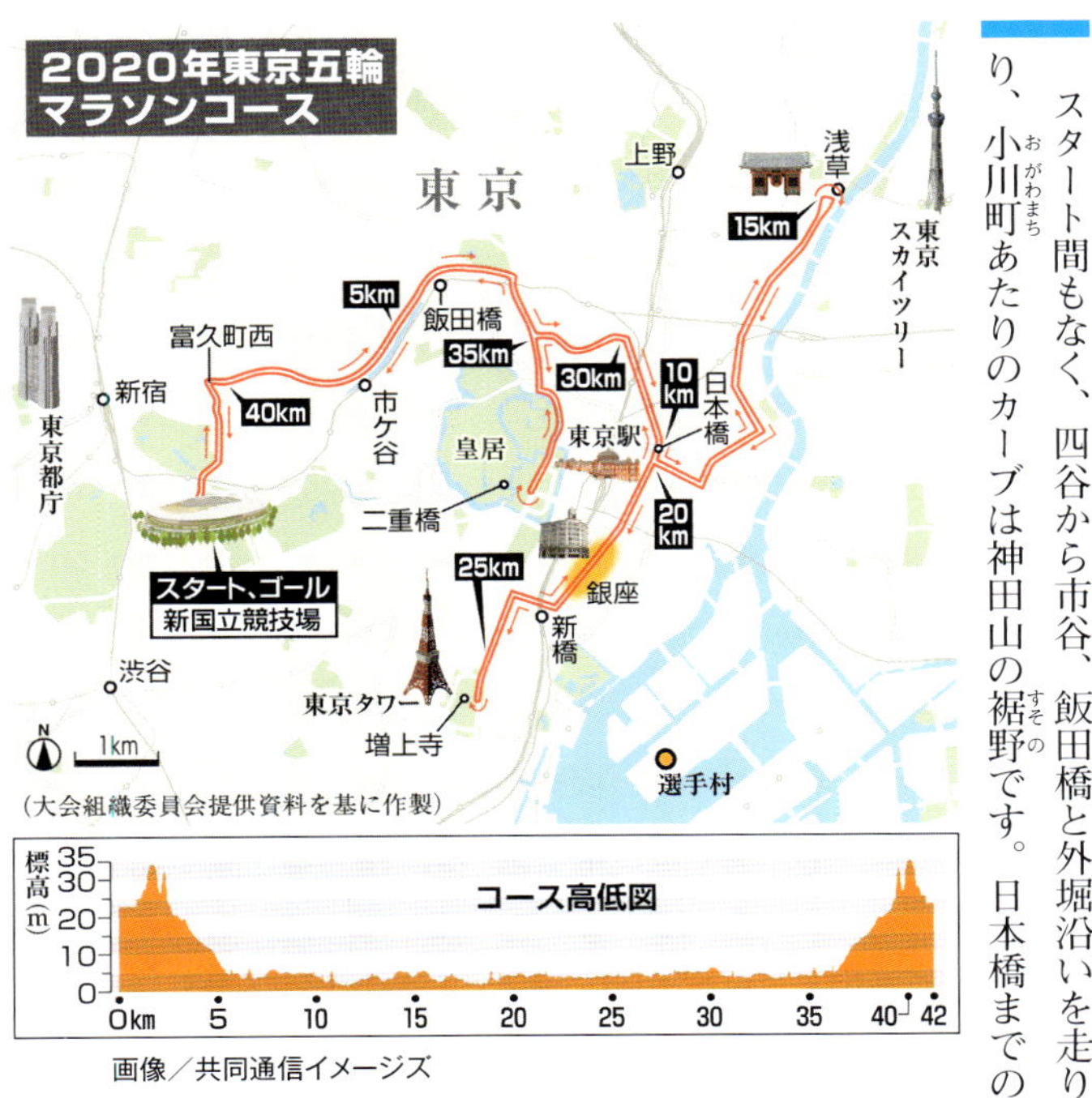

画像／共同通信イメージズ

ったでしょう。しかし江戸城の城門たちが、ランナーとともに世界中に映し出されます。北の丸の日本武道館も、前の五輪以来再び柔道などの会場となり、西の丸下＝皇居外苑も競歩で使われます。江戸城のための平坦な埋立地が競技に役立つのですね。

5-2 日本橋から新橋　3・8キロ
——銀座の繁栄も江戸城から

■歌舞伎発祥の地

東京メトロ日本橋駅のC4出口から出ます。目の前の路地に入っていきます。右側には最近の巨大再開発でできた日本橋髙島屋などの高層ビルが並んでいますが、左側には穴子（あなご）の名店「玉ゐ」（たまい）など、古い町並みが残り対照的です。

髙島屋の本館を過ぎた一つ目の路地を右に行きます。少し先の左側のビル植え込みに

「**秤座跡**」の碑があります。度量衡の統一は、広域経済を円滑に進めるのに必須のものです。古代の律令制が崩壊して以後、どんどんバラバラになっていった各地方の度量衡を、全国統一を果たした徳川幕府は徐々に統一していきますが、その際も民間の力を使います。特定の商人に秤を作る独占権を与えて、彼らが自分の利益を守ろうとする力で、全国の秤を統一したのです。

秤座跡の碑（八重洲北口通り）

秤はここにあった守随家が東日本での製造・検査・販売の独占を得て、営業していました。分家が今でも名古屋で秤や計量器を販売しています。

中央通りまで出ましょう。左に行き日本橋三丁目の交差点を右に、東京駅方面に渡ります。渡ったら右に行き、二つ目の通りを左に入ります。この通りを「**養珠院通り**」と言います。養珠院とは家康の側室で、紀州徳川家初代の徳川頼宣、水戸徳川家初代の徳川頼房の母というたいへんな人物です。

さらに進んでいくと、左側の居酒屋と中国料理店との隙間に小さな小さな**於満稲荷**があります。この「於満」とは「お万」であり養珠院の俗名です。つまり養珠院は神様として祀られているのです。その由来は、養殊院がこの付近の商人を贔屓にしており、死後その恩に感謝するために商人らが社を建てたということです。

この話が本当かどうかは別にして、江戸の商人たちと武家の関係を示すよいエピソードだと思います。江戸建設とともに主に上方から集められた商人たちは、将軍家や、また参勤交代で江戸にいる大名たちの生活を支えるために存在していました。逆に言うと、将軍家・大奥・大名たちが商人の上得意だったわけです。

これが江戸時代も後期になると、参勤交代で江戸にやってくる地方武士や、50万人ほどに膨れ上がる町人の消費も大きな市場となるわけですが、江戸時代初期には武家頼みだっ

(上)於満稲荷
(下)ヤン・ヨーステンとリーフデ号の像。向こうは東京駅

たのです。また後期になっても、全国の税収の何割かを消費する江戸の大名屋敷は圧倒的に大きな金蔓（かねづる）であり、特定の顧客武家を摑（つか）めば、神様にしたくなるぐらいありがたい存在だったのだと思います。

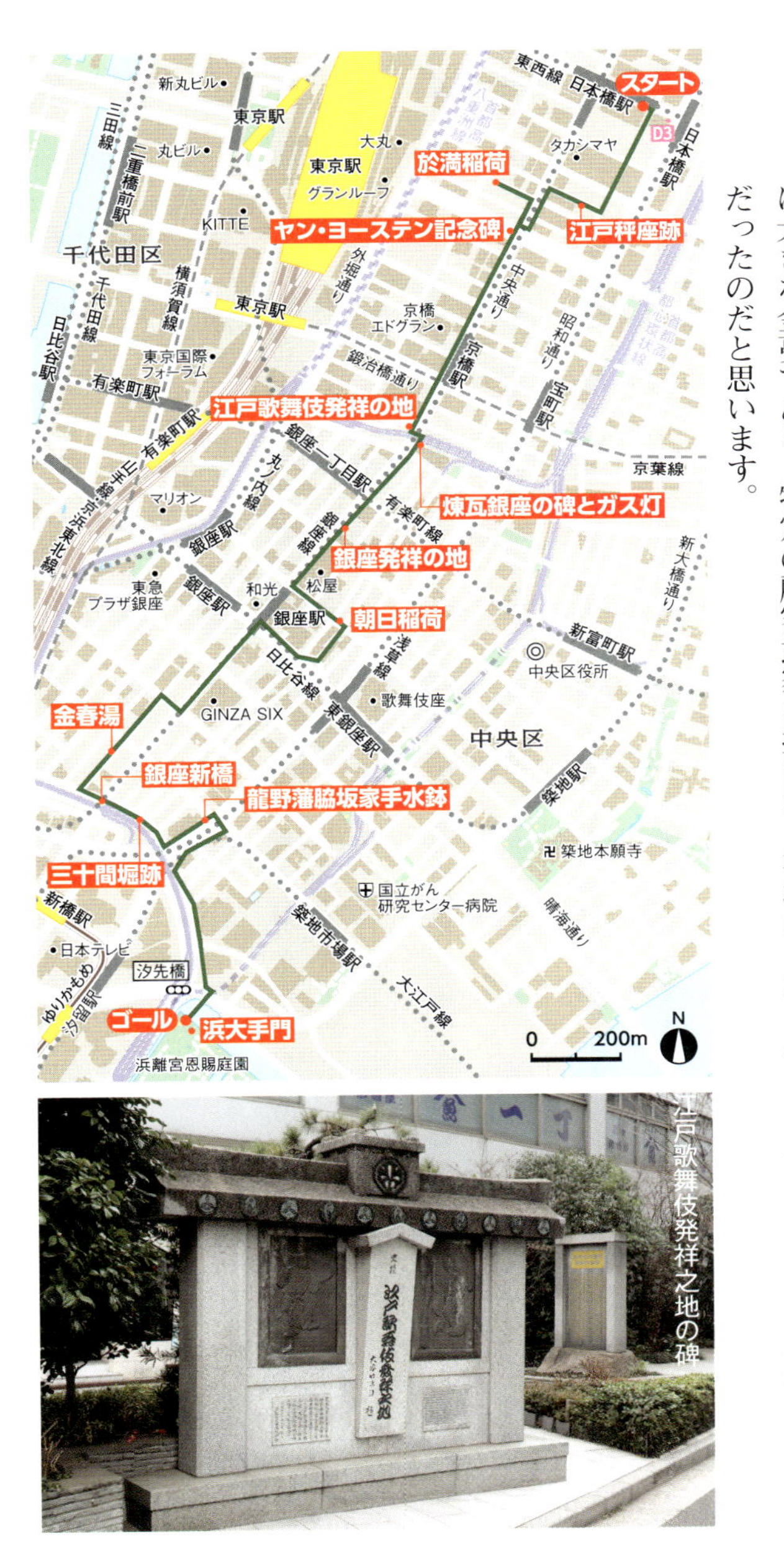

江戸歌舞伎発祥之地の碑

日本橋三丁目の交差点に戻りましょう。東京駅前から続く八重洲通りには広い中央分離帯があり、小公園風になっています。ここを横断して銀座方面に行く途中、分離帯の中にある街灯の後ろに**ヤン・ヨーステンの記念プレート**があります。頭部の肖像と、彼が乗ってきたリーフデ号が描かれています。八重洲の地名の元ということで置いてあるわけですが、実は屋敷があったのは日比谷堀沿い、というお話は第3章「3－1」でもしました。

江戸時代初期には、この八重洲通りは掘割となっており、交差点のあたりには中橋（なかばし）という橋が架かっていました。この付近で1624年に猿若勘三郎（さるわかかんざぶろう）が猿若座を旗揚げし、江戸で初めての歌舞伎興行が行なわれました。先ほども秤で「座」が出てきましたね。現代では、「○○座」というと映画か芝居の施設という感覚ですが、江戸時代は「お上（かみ）の許可を得た営業」という意味で、芝居も建前上は幕府のお墨付きがなければ興行できませんでした。猿若勘三郎は中村勘三郎ともいい、現代の中村勘九郎（かんくろう）さんに続く歌舞伎の名家となるわけです。

京橋までしばらく中央通りを進みます。京橋地区は西の江戸城外堀と東の楓川（かえでがわ）に挟まれた長方形の地区ですが、初め東側は海に面していました。東の八丁堀地区は江戸時代の埋立地です。

江戸前島という半島があり、その周辺に江戸湊があったと第3章「サブコース3」でお話ししましたが、おそらくその半島の標高の一番高い馬の背、尾根の部分が現在の中央通りだと思います。そうすれば雨は道の両側に自然にはけていきます。水はけの良いところは住みやすい場所です。ということは、家康は大名より商人を優遇したようにも見えます。大手町や丸の内は城の前とはいえ埋め立て地で、水はけは悪かったでしょう。経済を重視した家康の姿勢が垣間見えます。

そして江戸初期には、この京橋の東側には多くの舟入堀が櫛のように刻み込まれ、全国から江戸城、そして江戸の町の建設物資が運び込まれていました。中橋が架かっていた掘割も、外堀を経由して江戸城近くに物資を運び込むルートでした。

明治に架けられた京橋の親柱

17世紀半ばに江戸城と江戸の町がほぼ完成すると、これらの掘割は不要となり、さらに市街を広げるために八丁堀地区が埋め立てられていき、京橋の掘割もすべて埋められました。関東大震災後の区画整理などで今ではちょっとわかりにくいですが、京橋の東地区は、掘割を埋め立てた分、西側より街区が細長くなっています。

さて京橋で首都高をくぐると銀座地区です。首都高はかつてここにあった京橋川を埋め立てて建設されました。京橋側右手に、先にお話しした「**江戸歌舞伎発祥之地**」の碑が立っています。ちょっと離れてますね。奥には「**京橋大根河岸青物市場跡**」の碑もあります。あまり知られていませんが、この右手の京橋川沿い北側には関東大震災で壊滅するまで青物市場がありました。

これらの碑の向かい側、警察博物館の前には明治以降に架けられた京橋の碑があり、銀座側に行くと銀座煉瓦街の碑などもあります。京橋とは、京都の側に架けられた橋という意味で、各地にあります。ここから先の銀座は、家康の都市建設プランが今も生きている街です。中央通りの車道幅は約16メートルで江戸時代の8間（けん）のままです。明治初期に歩道部分が広げられました。また銀座のみゆき通り、交詢社（こうじゅんしゃ）通り、花椿（はなつばき）通り、並木（なみき）通りなどは、すべて家康が街路を作った当時の筋と変わっていません。

これらの街路が作る街区は一辺が60間で、ほぼ１２０メートルです。この大きさの街区が江戸時代から今まで、ずっと銀座に存在していました。北東から南西に延びるすずらん

銀座通りの幅は江戸時代と同じ

朝日稲荷拝殿。本殿は屋上に

通り、西五番街、ガス灯通りなどの狭い街区も、街区を等分する形で開かれた道によるものです。

■職人と芸能人の町

中央通りは左側を進んでください。銀座2丁目のティファニーの前に、「**銀座発祥の地　銀座役所址**」の碑があります。家康は1612年、銀貨の鋳造をする銀座役所を駿府(すんぷ)からここに移し、そこから「銀座」の地名が生まれました。しかし町の正式な名は「新両替町」で、銀座は俗称でした。銀座役所も1800年には人形町に移りましたが、町の呼び名は変わらず、明治になって正式な町名となります。

次は松屋(まつや)の角を左に曲がってください。二つ目の左角に銀座朝日ビルという建物があり、その壁の凹みに社があります。社殿が屋上にあることで有名な**朝日稲荷**です。この社は安政の大地震で倒壊してなくなりましたが、関東大震災後にすぐ脇の三十間堀から神璽が見つかり、社殿も復活させたと言います。

はて三十間堀とは何でしょう。実は、ビル裏の通りは戦後に戦災瓦礫で埋められるまで掘割で、造られた当時は30間（60メートル近く）の幅があったので、三十間堀と呼ばれていました。銀座朝日ビルの地下には「三十間」という喫茶店があります。

これは江戸湾に突き出た半島だった江戸前島の東の海岸線近くを水路としたもので、江戸時代初期には盛んに物資が陸揚げされていた場所でした。のちに海側が埋め立てられて築地（地面を築くの意味）ができても、この水路沿いは材木置き場となり、このために木挽町の名になります。主な材木置き場は大火を経て墨田区の東側に移りますが、つい近年まで材木商を営む家がありました。

水路は江戸時代のうちに19間にまで狭められましたが、堂々たる川でした。つい最近まで地下に映画館や居酒屋があった三原橋は、まさに三十間堀をまたぐ晴海通りの橋だったのです。そうしてみると三十間堀跡の左右の街区が細長くなっていることがわかります。川跡に建っているからです。

三十間堀跡の通りを進み、晴海通りに突き当たったら右折して銀座4丁目交差点に出ましょう。今度は左へ行き、中央通りをＧＩＮＺＡ ＳＩＸの先、銀座ライオンのある交差点で右折して次の角を左に曲がります。入ったこの通りを金春（こんぱる）通りと言います。進んで行って次の十字路の先右側に金春湯という銭湯がありますが、江戸時代はこのあたりに能の金春流の屋敷がありました。それが通りの名の由来です。

銀座煉瓦遺構のモニュメントと江戸の水道管（右）

能は室町時代以来、武家の式楽（しきがく）、すなわち公式の芸能となりました。大名屋敷には必ず能舞台が設けられ、儀式の際は能が演じられて能を舞う将軍や大名も多くいました。幕府は能を保護し、それまで関西にいた能の各流派を江戸に移住させます。金春流、観世（かんぜ）流、金剛（こんごう）流の3家は銀座地区に、宝生（ほうしょう）流は京橋地区にその屋敷地がありました。

また幕府の公式の絵師であった狩野（かのう）派は奥絵師（おくえし）と呼ばれ、最も格式の高い職位ですが、鍛冶橋家、木挽町家、中橋家、浜町家の4家に別れており、うち3家が京橋、銀座地区に住んでいました。

このように、日本橋地区が呉服商などが住む経済の中心地区だったのに対し、京橋、銀座地区は職人、芸能人の町として位置づけられています。幕府の都市計画は、居住地域を身分・職能別にはっきりと分けるのが基本でした。

この金春通りが突き当たる直前、右側の洋品店前に木の大きな管と、煉瓦の塊（かたまり）が置いてあります。管は江戸時代の水道管です。八丁堀で発掘されたものですが、なぜかここに置いてあります。

このような木管に珍しいものではなく、東京では発掘すればそこらじゅうから出てきます。いかに水道網が発達していたかを示す証拠です。一方の煉瓦は明治になって銀座が煉瓦街になった時の名残です。関東大震災後にほぼすべて撤去されましたが、この場所に残っていたのが戦後見つかりました。見つかった大部分は江戸東京博物館に展示してあります。

道が突き当たったところの歩道右側に、先の金春屋敷の解説板があります。左に曲がってまた中央通りを横切り、その先の御門（ごもん）通りに入ります。その際、右側の首都高の高架を見てください。大きく「**銀座新橋**」と書いてあります。現在のJR新橋駅はここから少し離れていますが、駅名の由来となった新橋という橋は、この首都高下を流れていた汐留川のこの場所に架かっていました。

汐留川から海の水が外堀に入らないように仕切った土橋交差点の土橋に対し、東海道を整備する際、新たに橋を架けたところがこの新橋です。明治維新後に鉄道を通す時に、すぐ向かいに駅を作ったので駅名を「新橋駅」にしました。その後、場所が移っても駅名を引き継いだため、本来の新橋と駅が離れてしまったのです。

（上）新橋に一時あった芝口門を描いたレリーフ　（下）三十間堀の護岸と思われる巨石

御門通りの天国(てんくに)ビル先の左角に「**芝口(しばぐち)御門跡**」との碑があります。これは新橋の銀座側に一時設けられた門のことです。東海道は朝鮮通信使やオランダ商館のカピタン

（商館長）ら、外国使節が江戸に入るルートでした。そこで6代、7代将軍に仕えた新井白石が「諸外国に威儀を見せるべきである」と新たに巨大な城門を造りました。

東海道は江戸城外堀外にあり、これまで見てきたような巨大城門はどこにも設けられていなかったのです。また東海道は五街道の中でも交通量が多く、年に一度程度しかない外国人使節のための「見栄」は不評でした。そして白石失脚後の1724年に火事で焼け、再建されることなく石垣も撤去されました。火事の原因は何だったんでしょうね。

御門通りを進んでいくと、右の首都高脇に公衆トイレがあり、その先に大きな石が置いてあります。これが先ほど説明した**三十間堀の石垣**です。近隣の2カ所から発掘されたものです。銀座の街区は江戸時代のままとお話ししましたが、大きく変わったのは堀です。江戸時代から戦前まで、銀座は堀に囲まれた島のような町でしたが、今はすべてなくなってしまいました。

海の最前線を守る

昭和通りまで出ましょう。左へ行くとエスカレーター付きの立派な歩道橋があります。交差点角の4本支柱の下に、近くの汐留で発掘された大名屋敷の石の遺物が置いてあります。臼(うす)のようなもの、建物の礎石(そせき)、手水鉢(ちょうずばち)など様々あり、面白いです。江戸時代には現在の汐留地区は龍野(たつの)藩脇坂(わきさか)家、仙台藩伊達家、会津松平家の屋敷がありました。しかし江戸時代の初期はまだ海で、そこを埋め立てて屋敷地としています。

汐留地区は最初の新橋駅が作られたのち貨物駅となり、旧国鉄の借金返済のために売り

汐留遺跡からの出土物。(上)写真の手水鉢など、石造物が歩道橋の4カ所の支柱下それぞれに置かれている　(下)竹の網をつけた柵状のもの。埋め立ての工法がそのまま出土した。江戸東京博物館に展示

浜離宮恩賜庭園の正門は浜大手門の櫓台

払われて再開発されたわけですが、その際に発掘調査が行なわれ、江戸の大名屋敷についての貴重な知見が得られています。その一つが埋め立ての技術です。

今では海を埋め立てて市街化するのは当たり前のことですが、家康の時代はそうではありませんでした。このように大規模に埋め立てで都市を造り出したのは、家康が世界で最初だと思います。

汐留からは支柱に竹の網をつけた柵のようなものが出土しました。浅い海にこのような柵を立て、その内側に土砂を入れ、少しずつ陸地を広げていったようです。実物は江戸東京博物館に展示してあります。

交差点の角、それぞれにある遺物を見たら浜離宮に向かいましょう。首都高の高架を目指して歩き、蓬莱橋交差点を左です。左手に中銀カプセルタワー、踏切跡を過ぎると浜離宮へ渡る石橋が見えてきます。

浜離宮も汐留地区同様、埋立地です。1654年、4代将軍家綱の弟で甲府宰相と呼ばれた綱重の屋敷として造られました。屋敷

荷揚げ遺構が残る内堀

といっても鴨場のような別荘的屋敷でした。ところが綱重の息子綱豊が6代将軍家宣となったことから、この屋敷も将軍の別荘という扱いになり整備が進みます。

入口の現在駐車スペースとなっている場所は**浜大手門**という枡形門で、関東大震災で焼失するまでは

海水を引く潮入の池

巨大な櫓門がありました。浜離宮の場所は外堀から続く汐留川の河口であり、江戸湊の入り口にあたる要衝です。周囲は石垣で固められ、いざという時は海の最前線を守る砦(とりで)となったはずです。実際、幕末には砲台が設けられ、また海軍所(幕府の軍事教練施設)もここに置かれました。

中は大変広く、見どころが多いです。中でも江戸の町の建設という点で一つ注目したいのが、荷揚げ場の遺構です。これまで江戸の水路にあった荷揚げ場について何度か触れてきましたが、ここには東京で唯一その実物が現存しています。

入口から少し入った堀沿いにある、石でできた階段状のものがそれです。江戸の沖合まで大きな船で運ばれた荷物は、小さな舟に降ろされて荷揚げ場にやってきます。海や海に近い川は干満がありますから水位が変化します。岸壁が階段状になっていることで、潮位に応じた高さの段で荷下ろしをすればいいわけです。かつてはこのような施設が江戸中の水路に無数にありました。

さて浜離宮を堪能したら、最寄りの駅は都営大江戸線汐留駅ですが、お隣の築地市場駅、新橋駅、東京メトロ東銀座駅なども徒歩圏内です。ご都合のよろしい駅でお帰りください。

寄り道コラム７

江戸城天守を再建しよう――東京、そして日本のシンボル

前著で江戸城天守再建を訴えてから10年が過ぎました。その間、再建事業の進展が微々たるものであることは認めざるを得ません。しかし江戸城天守再建は東京の１０００年先、１０００年先を見据えた事業であると思います。たかだか10年のことで一喜一憂せず、改めて再建の意義をお話ししたいと思います。

前著でもお話しし、今回も折に触れて述べていますが「東京は江戸城の賜物」です。江戸城が築かれたからこそ東京があり、江戸城の形・構造、城とともに建設された江戸の町の姿を基礎に、東京は発展してきました。

そして日本列島の中央に位置する江戸が発展したおかげで、日本の発展が成し遂げられました。江戸は、人間の体で言えば心臓です。１００万都市江戸という心臓があって、五街道・日本一周航路という血管を参勤交代や各地の特産品などの血液が巡り、全国各地がそれぞれ特徴ある手足や臓器となって、日本全体が元気になったのです。

日本は家康の江戸幕府開設以来「江戸・東京時代」の中にあり、ここで創られた文化や

社会こそが我々の知る「日本」です。江戸時代に全国の30分の1ほどだった江戸の人口は、首都圏を形成する巨大都市となった現在、今や全国の3分の1になろうとしています。この江戸=日本システムを今さら壊すのは無謀です。江戸・東京を心臓とし、地方を手足や臓器とする循環システムとして、これからの日本全体の持続的発展を考えるべきです。これは大きな話ですのでまた別の本で語りましょう。

私は本書と同時期に、全国の城下町を紹介する本を執筆しました。そこでわかったの

江戸城寛永度天守復元CG
復元:広島大学名誉教授 三浦正幸　CG制作:(株)エス
提供:NPO法人 江戸城天守を再建する会

は、日本全国の多くの都市が城の建設とともに発展し、それぞれの町・地方の人々の心の拠りどころとなっている、ということです。

明治の初め、明治政府の廃城令で多くの城が壊されました。しかしそれに抗って現在も城の遺構が残っている場所では、地元の方々の努力で城が残されました。例えば愛媛の松山城では、のちに道後温泉（道後湯之町）の町長となる伊佐庭如矢氏が「松山人の心の拠りどころ」と訴えて城を残しました。おかげで、今や松山城は素晴らしい観光資源であると同時に、松山人の誇りです。

全国で城の復元がブームです。これは単に観光資源になるというだけではありません。いまだに人々の心に、城を仰ぎ見たいという気持ちがあるのだと思います。その中で可能であれば天守を再建したい、というのは各地に共通する心情です。

日本の総城下町たる江戸・東京にも天守はありません。

もしここに天守があったら。

場所柄、東京に生活していれば何かの機会に必ず目にすることでしょう。それが何か？と思う方もいらっしゃると推察します。しかし、こうした日々の景色というのは心に刻まれていくものです。天守はいつしか東京人の心の拠りどころとなります。東京は各地から人が集まって住んでいる町です。そこで同じシンボル、江戸城天守を見ることで、東京人としてのアイデンティティが育まれていくことと思います。

シンボルは対外的にも大きな意味を持ちます。前著でも書きましたが、パリの凱旋門、ニューヨークの自由の女神、モスクワのクレムリン。行ったことはなくても、主要国の首都ではその国の文化と歴史を象徴するモニュメントや建造物が世界中で人々に認識されています。東京にそれがあるでしょうか？「東京タワー」という意見もあるようです。しかし東京タワーは日本の文化と歴史を表わしているでしょうか？

江戸城天守は世界最大級の木造建造物で、日本の文化と歴史を体現する世界に唯一無二のものです。これが完成すれば間違いなく「東京＝江戸城天守」と諸外国の人たちにも意識されるでしょう。

江戸城本丸だった皇居東御苑の来場者は年々増えており、２０１８年には１６５万人が訪れました。その原動力は外国人で、年々比率が高まり昨今は４割を超えて過半数に迫ろうとしています。これはすごい数字です。大阪城、名古屋城、二条城の入場者数はいずれも２００万人台です。世界遺産姫路城でも２０１７年は１８０万人ぐらいでした。

本書でご紹介した通り、皇居東御苑には天守台と多聞しかなく、唯一の三重櫓は少し離れて眺めることしかできません。それでも日本が誇る名城と比べて引けを取らない人数が訪れているのです。もし天守があったら、どれだけの観光客が訪れるでしょうか。

観光産業は人口減少社会である日本にとって極めて重要な産業です。２０１６年に外国人観光客が日本に落とした金額は３兆７０００億円です。この年の観光客数は２４００万人でしたが、政府は２０２０年には４０００万人を目標にしています。全国のコンビニの年間売り上げは約10兆円で、この数字に観光産業が追いつくのも間近でしょう。

こうしたことは政府もよくわかっています。本書が出るころには、東御苑に江戸城寛永度天守の30分の1の模型が設置されているはずです。高さは2メートルほどで迫力があります。海外からの観光客に「この天守台の上にこれが建っていたんだぞー」と言うのは相当なアピールになることでしょう。

しかし、政府だけの判断でできるのはここまでです。現在の天守台の上に天守を復元するとなると、それなりの国民的合意が必要です。費用も数百億円はかかると思われます。私が顧問を務める「江戸城天守を再建する会」では、その国民的運動を盛り上げたいと日々活動しています。木造の城はきちんとメンテナンスすれば数百年、うまくすれば１０００年持ちます。それは全国に12ある現存天守が証明していることです。是非多くの方々の声を集めて、江戸城天守を再建したいと思います。

江戸城天守再建の意義は、東京、ひいては日本のシンボルということと、観光に大きく寄与するということが挙げられますが、それだけではありません。巨大木造建築の技術を次世代に伝える。大変重要なことです。また東京に育つ子どもたちは、江戸城を見上げることで否応なく歴史への関心が高まります。この城は何なのか？　素晴らしい生きた教材です。

現在の天守台は、最後の江戸城天守である寛永度天守が建っていたものではなく、再建を目指して江戸時代に少し低く作られたものです。その点を指摘して「歴史的に存在しなかったものは造ってはいかん」と言う人がいます。また「天皇家のお住いの皇居に徳川氏の城を造るのはけしからん」と言う人もいます。

一方で、名古屋城の木造天守再建では「エレベーターを作れ」という声もあります。現在の天守復元の原則は「歴史に忠実に」であり、これが各地で復元を阻み、論議を招いています。私は、既存の文化財の保存については厳格に行なうべきだと思いますが、活用についてはもう少し柔軟で良いと思っています。様々な論議が必要でしょう。

２０２０年の東京五輪・パラリンピックには間に合いませんでした。しかし世界中の注目を浴びた後に、また東京を訪れたいと思っていただけるよう、「今度は天守ができてます！」と言えるようにしたいものです。

あとがき

江戸城の痕跡をくまなく回るのがこの本の目的と申し上げました。果たして10年前の前著と比べて内容が進歩しているか、皆さんの評価はいかがでしょうか。

それにしても東京の変化には驚かされます。この調子でいくと、今度は5年ぐらいで書き直さないといけないかもしれません。変化は加速がついているようにも思います。

特にここ数年でのビル建設ラッシュは凄まじいものがあります。大して景気がいいとも思えないのに、どうしてこんなにビルが建つのか不思議でならないのですが、次々と町が新しくなっていきます。町が綺麗になるはいいのですが、景観が失われ、空が狭くなり、江戸時代からの坂などの地形が消えていくのは残念です。東京の町をどうするのかという大きな考えもなく、場当たり的にお金が儲かるからという理由でどんどん開発をしていくのは、いかがなものかと思います。

特に、人口が減っていくという国で、どうしてこんなに高層マンションが必要なのかさっぱりわかりません。東京の人口も２０２０年をピークに減るというではありませんか。40階建て、50階建てなどというマンションが30年、40年経ってどうなっているのか、考えるだけで恐ろしいです。

中央区は高層マンション優遇策をやめたそうですが、区レベル程度の政策で、この金儲け第一の都市開発の方向が変わるとは思えません。都や国が、もっと大胆に東京の姿をどうするかということに踏み込むべきだと思います。

私は江戸城という素晴らしい財産を生かし、歴史や文化の香る、海外からの観光客を迎えて落ち着いて過ごせる東京にしてほしいと思います。水辺を生かし、景観を生かし、歩き回って楽しめる町です。

都市建設は私の専門ではありませんが、町の形の変化、歴史を知ることで、何か役に立てるのではないかと思っています。10年前にも書きましたが、東京の人は東京の歴史に無関心ではないでしょうか？　もっと足元の歴史に関心を持って、街を見つめてもらいたいと思います。そんなきっかけの一つに、本書がなることを願っています。

切りとり線

★読者のみなさまにお願い

この本をお読みになって、どんな感想をお持ちでしょうか。祥伝社のホームページから書評をお送りいただけたら、ありがたく存じます。今後の企画の参考にさせていただきます。また、次ページの原稿用紙を切り取り、左記まで郵送していただいても結構です。

お寄せいただいた書評は、ご了解のうえ新聞・雑誌などを通じて紹介させていただくこともあります。採用の場合は、特製図書カードを差しあげます。

なお、ご記入いただいたお名前、ご住所、ご連絡先等は、書評紹介の事前了解、謝礼のお届け以外の目的で利用することはありません。また、それらの情報を6カ月を越えて保管することもありません。

〒101−8701（お手紙は郵便番号だけで届きます）
祥伝社新書編集部
電話03（3265）2310
祥伝社ホームページ　http://www.shodensha.co.jp/bookreview/

★本書の購買動機（新聞名か雑誌名、あるいは○をつけてください）

＿＿＿新聞の広告を見て	＿＿＿誌の広告を見て	＿＿＿新聞の書評を見て	＿＿＿誌の書評を見て	書店で見かけて	知人のすすめで

★100字書評……新発見! 江戸城を歩く

名前

住所

年齢

職業

黒田 涼　くろだ・りょう

1961年、神奈川県生まれ。作家、江戸歩き案内人。大手新聞社で記者を16年務めるなど編集関係の仕事に携わったのち、東京に残る江戸の姿を探し出すおもしろさに目覚め作家となり、文章やガイドで江戸の痕跡・史跡を案内している。NPO法人「江戸城天守を再建する会」顧問。著書に『江戸の大名屋敷を歩く』(祥伝社新書)『大軍都・東京を歩く』(朝日新書)『日本の城下町を愉しむ』(東邦出版)など。

新発見！江戸城を歩く
——ヴィジュアル版

黒田 涼

2019年6月10日　初版第1刷発行

発行者……………辻 浩明
発行所……………祥伝社 しょうでんしゃ
〒101-8701　東京都千代田区神田神保町3-3
電話　03(3265)2081(販売部)
電話　03(3265)2310(編集部)
電話　03(3265)3622(業務部)
ホームページ　http://www.shodensha.co.jp/

装丁者……………盛川和洋
印刷所……………萩原印刷
製本所……………ナショナル製本

Printed in Japan　ISBN978-4-396-11573-9　C0226

〈祥伝社新書〉
中世・近世史

527
壬申の乱と関ヶ原の戦い
なぜ同じ場所で戦われたのか
「久しぶりに面白い歴史書を読んだ」磯田道史氏激賞
東京大学史料編纂所教授
本郷和人

278
源氏と平家の誕生
なぜ、源平の二氏が現われ、天皇と貴族の世を覆したのか？
歴史作家
関 裕二

054
山本勘助とは何者か
信玄に重用された理由
軍師か、忍びか、名もなき一兵卒か。架空説を排し、その実像を明らかにする
作家
江宮隆之

501
天下人の父・織田信秀
信長は何を学び、受け継いだのか
信長は天才ではない、多くは父の模倣だった。謎の戦国武将にはじめて迫る
戦国史研究家
谷口克広

442
織田信長の外交
外交にこそ、信長の特徴がある！ 信長が恐れた、ふたりの人物とは？
谷口克広

〈祥伝社新書〉
近代史

377
条約で読む日本の近現代史
日米和親条約から日中友好条約まで、23の条約・同盟を再検証する
藤岡信勝 編著
自由主義史観研究会

411
大日本帝国の経済戦略
明治の日本は超高度成長だった。極東の小国を強国に押し上げた財政改革とは
ノンフィクション作家
武田知弘

472
帝国議会と日本人　なぜ、戦争を止められなかったのか
帝国議会議事録から歴史的事件・事象を抽出し、分析。戦前と戦後の奇妙な一致！
歴史研究家
小島英俊

357
物語　財閥の歴史
三井、三菱、住友をはじめとする現代日本経済のルーツを、ストーリーで読み解く
ノンフィクション作家
中野　明

448
東京大学第二工学部　なぜ、9年間で消えたのか
「戦犯学部」と呼ばれながらも、多くの経営者を輩出した〝幻の学部〟の実態
中野　明